KB261254

무봉스님의

반야심경과 마음청소

무봉스님의
반야심경과 마음청소

초판 1쇄 펴낸 날 | 2013년 12월 30일

지은이 | 무봉
펴낸이 | 이금석
기획 · 편집 | 박수진
디자인 | 강한나
마케팅 | 곽순식
물류지원 | 현란
펴낸곳 | 도서출판 무한
등록일 | 1993년 4월 2일
등록번호 | 제3-468호
주소 | 서울 마포구 서교동 469-19
전화 | 02)322-6144
팩스 | 02)325-6143
홈페이지 | www.muhan-book.co.kr
e-mail | muhanbook7@naver.com
가격 13,000원
ISBN 978-89-5601-328-2 (13220)

잘못된 책은 교환해 드립니다.

무봉스님의

반야심경과 마음청소

무
봉

무한

《반야심경》의 뜻이 심오하고 어려워 깨달음이 없는 깨달음을 얻고 나보니, 한글화 작업이 절실히 필요하다는 생각이 들었습니다. 그러던 차에 불교방송으로 저의 강의를 듣는 불자님들의 출판 요청이 끊이지 않고 있다는 이야기를 전해 듣고 이 책을 준비하게 되었습니다.

제 나름대로 현상과 공, 사물들이 《반야심경》과 차별이 없는 이치를 알리기 위해 부단히 애썼으나, 미흡한 점이 있더라도 양해 부탁드립니다. 가능한 한 불자들에게 더 빨리 다가갈 수 있도록 쉽고 재미있게 집필하였습니다. 궁금한 점이 있는 분은 다른《반야심경》해석본과 비교하면서 보면 재미가 더해질 것이리라 믿습니다. 이 책을 통해 더욱 공부에 매진하시어 우주와 자연과 자신의 몸이 하나가 되길 바랍니다. 감사합니다.

— 무봉

1강

마음의 구름을 지우개로 지우듯이

관자재보살이 깊은 반야바라밀다를 행할 때 다섯

가지 요소가 공한 진리를 비추어보아 모든 괴로

움을 여의었느니라.

'보리'는 존재하는 모든 현상, 숨 쉬는 공간, 허공에

날리는 이치, 새, 바람, 돌, 참새들이 노래하는 것들, 나무

들은 바람에 흔들리면서 춤추는 모습들을 말하고, '살타'

는 우리의 눈에 보이는 모든 생명들이 존재하고 있다는

것을 말하기도 합니다. 우리는 모든 게 부처이고, 보살이

고, 중생이고 어떤 때는 서로서로 도울 수 있는 세상 생

명들에게 자비심을 베푸는 의미도 포함하고 있어요.

《반야심경》은 세상의 모든 살아있는 생명 존재성을 말합니다. 《반야심경》은 존경을 의미하고 서로 어울리는 세상, 자신이 움직이고, 밥 먹고, 서로서로 사랑하고, 생각과 생각을 초월해서 더불어 사는 세상을 말하기도 해요. 관세음보살은 때로는 나무, 풀, 고라니, 꽃, 악(惡)과 선(善), 자비심, 사랑이기도 합니다. 우리가 보는 것, 모든 것이 갖추어진 완벽한 반야바라밀다입니다.

'반야바라밀다'라는 의미는 고귀하고 자비스럽고 때로는 악한 마음, 선한 마음 같은 생각들을 알아차리고, 내면에 깊이 파고들어 마음을 움직이는 생각들 속에 알아차리는 '지혜'라고도 해요. 완벽한 지혜란 순간순간 물처럼 흐르는 마음과 같은데, 지식을 시혜라고 하여 이해하는 것, 관찰하는 것, 모든 것을 흐르는 존재성으로 바라보지 못하고, 지식만으로 불교를 관찰하면 제대로 바라볼 수 없어요.

그러나 관념을 진리라고 여겨 그 안에 갇혀버리면 본래 있는 그대로의 모습을 바라볼 수 없습니다. 우리는 한걸음 한걸음 길을 가듯이 알고 있는 지식을 뛰어넘어야 합니다. '내가 가지고 있는 지식이 뛰어나다, 최고의 경지다'라고 생각하면 순수한 진여(眞如)의 본모습과는 영원히 멀어져요. 너무 지식에 매달리지 말고 마음에 구름을 하나하나 지우개로 지우듯이 수행을 해야 합니다. 완벽한 존재성은 그대로 보는 것, 자유롭게 흐르는 것, 그것을 관찰하는 것입니다. 지식이 머릿속에 굳어지면 그대로 보는 모습들을 막아버려요.

부처님 말씀에 따르면 텅 빈 허공에 지하철에서 졸고 있는 사람, 핸드폰 만지는 사람, 산에 가면 소리 지르는 사람, 나무, 밤, 도토리, 다람쥐 등이 가득 차 있지요. 공과 색은 서로 바라봅니다. 깨닫고 보니 현상과 공은 서로 존재하고 있어요. 죽음과 삶은 둘이 아니라는 뜻입니다. 선(善)을 행하고, 즐거움과 괴로움이 있고. 관세음보살님은 텅 비어 있는 것을 보았습니다. 텅 비어 있다는 것이 무엇일까요? 비었다는 건 어떻게 비어 있을까요? 비어있는 가운데 모든 것이 충만하게 채워져 있는 것을 의미합니다.

조금 지루하시면 여기서 잠깐 시(詩) 한 소절 읽겠습니다.

소리 없는 소리가 들려 누가 볼까봐

꽃 활짝 웃는 얼굴 살며시 다가와서

귓가에 속삭이고 누구 몰래 숨어

텅 빈 마음 가득 담아

귓가에 사랑해 소리 없는 말해놓고

도리도리 까꿍까꿍 하면서 속삭이고는

그리운 마음, 기다리는 마음, 해바라기씨앗

언제 다시 꽃이 피어 바람에 날릴까?

《반야심경》이 어렵고 재미없을까봐, 시(詩)를 소리 내어 자성(自性)의 본성(本性)을 허공에 날리고 날리는 그 모습을 관찰해보니 깨어있는 모습입니다.

다시 법문으로 들어가겠습니다. 여러 사람이 모여 과

일이 든 바구니 한 개를 들고 있다가 '여러분, 바구니가 텅 비어 있습니까?'라고 묻는다면 우리들은 어떻게 답할까요? 비어있다고 하지 않고 '가득 차 있다'고 답하겠지요. 뒤에 우리가 그 과일을 서로 오순도순 나누어 먹고 난 뒤 '바구니가 텅 비어 있습니까?' 다시 묻는다면 '비었다'고 말합니다.

이처럼 '텅 빈 상태'라는 것은 무엇인가를 비워버린

뒤의 상태를 말하지요. 그러나 바구니는 완전 무(無)의 상태로 있을 수는 없습니다. '텅 빈 상태'란 자신이 비운 것이 무엇인가를 알기 전에는 아무 의미도 갖지 못하지요. 바구니에는 과일은 없지만 그 안에 비어있는 산소, 먼지, 수분, 우리들이 말하고 있는 음성들이 허공에 울려 퍼져 바구니 속에 들어가 울려 퍼지지요. 결국 비었다는 것은 비었다는 것이 아닙니다.

텅 빈 상태란 무엇일까요? 가득 차고 텅 비어 그대로 관찰하는 것입니다. 관세음보살님이 오온(伍蘊)이 비었다고 할 때 의미하는 것은 본성을 보면서 허공에 날리는 목소리, 새소리, 그대로 보는 존재성을 말해요. 오온이란 인간을 구성하는 물질적 요소 다섯 가지를 말하지요. 그 요소들은 우리 개개인 안에 존재하면서 자연이 가지

고 있는 모습들을 말하지요.

오온이란 불교용어로, '색(色)'은 산에 가서 나물을 뜯고 나무를 보고, 흘러가는 구름을 보면서 춤을 추는 것이기도 하지요. '수(受)'는 느낌, 그리움, 사랑 등 보이진 않지만 생각하는 것을 말해요. '상(想)'은 직위, 학벌, 잘나고 못나고, 일상생활에서 나하고는 맞지 않아! 하는 그런 상을 말합니다. '행(行)'은 정신구조들을 말하고, '식(識)'은 생각과 생각, 의식들을 말하지요.

관세음보살님은 다섯 가지 본성을 관찰했을 때 홀연히 비었음을 보았고 충만하게 가득 찬 세상을 보았습니다. 그러면 우리가 바구니 속에 과일들을 비워버린 것은 무엇일까요? 라고 묻는다면 오온이 비워져있는 충만한 존재성을 말합니다. 오온 가운데는 의식, 감각, 판단하는

인지능력이 홀로 존재할 수는 없습니다.

다섯 요소들은 지[흙], 수[물], 화[불], 풍[바람]으로 만들어졌기에 서로 공존해야 합니다. 우리의 몸은 먹어야 되고, 마트에 가서 팔아야 되고, 마트는 소비자들에게 공급해야 되고, 집에 와서는 음식들을 만들어서 가족들 간에 오순도순 이야기하면서 나누어 먹어야 됩니다. 어느 것도 혼자 존재할 수 없고, 공존하면서 홀로 존재하는 것이며 더불어 어울리는 세상을 살아야 합니다. 우리가 가지고 있는 다양한 직업 모두가 어울려 사는 것입니다.

관세음보살님이 비었다고 하는 것은 비었음을 의미하고 가득 찬 우주생명들을 의미합니다. 홀로 존재할 수 없고 혼자 살아갈 수 없습니다. 우리는 햇빛, 물, 바람, 농

사짓는 농부, 생명들이 모두 공존할 때 비어서 존재가

가능할 수 있기에 텅 빈 자아(自我)의 모습이지만, 우주

는 충만한 세상임을 의미하지요.

　　오온이 공(空)했다는 것은 텅 빈 상태와 삼라만상

이 어울려 살아가는 그대로의 모습들을 말합니다. 관세

음보살은 보는 것, 듣는 것, 생각하는 것, 나와 남이라고

하는 것을 깊숙이 보았을 때 서로 공존한다는 사실을 보았습니다. 그러기에 색(色)이 비었다고 말하고 본성이 비어있어 모든 생명들이 색(色)과 공(空)이 어울려 있는 것입니다. 그러기에 우리는 한국의 간화선(看話禪, 화두(話頭)를 참구하여 진리를 깨닫고자 하는 선)을 해야 합니다.

마음속의 구름에 가려 본성을 보지 못하듯이 화두(話頭, 조사(祖師)들의 말에서 이루어진 공안(公案)의 1절이나 고칙(古則)의 1칙)를 참구하여 공부해야 합니다. 화두는 알 수 없는 것을 생각하고 마음의 때를 벗겨내어 그대로 존재성을 인식하는 것입니다. 화두란 어느 정답이 있는 게 아니라 보고, 듣고, 말하고, 움직이는 나는 누구인가? 이것이 경상도 사투리로 '이 뭣고?'입니다.

우리는 행동하면서 마음에 때가 벗겨질 때까지 탐구하고 내면 깊숙이 파고들어 가야 합니다. 그렇지 않고서는 조그만 지식 속에서 대자유인이 될 수 없지요. 자아탐구를 해야 돼요. 우리는 진정한 공부인이 되려면 깨달음의 상태까지 가야 그 맛을 알 수 있습니다. 참공부란 쉽지는 않지만 그래도 끝까지 탐구해서 그 참맛을 볼 때까지 깊숙이 파고 들어가야 됩니다. 부처님께서는 무(無)와 공(空), 무상(無常)이란 표현을 하기 위해서 수많은 방편과 글, 책들을 통해 표현했지요. 무상이란 텅 빈 공간과 가득 차 어울려 숨 쉬는 공간 속에서의 존재를 말한 것입니다.

우리는 수행하는 데 있어 행동하는 마음을 탐구해야 되요. '이 뭣고'를 깊숙이 파고 들어가야 합니다. 내면과 자연이 공존해야 됩니다. 진정한 해탈은 너와 나, 시간과 공간이 둘이 아니면서 독립되어 있고, 독립되어 있으면서 홀로 존재하는 것, 이것이 참해탈입니다. 진정한 깨달음을 원하시면 마음 깊이 행동하는 '참나'를 탐구하여 들어가십시오.

그러면 비었다는 것은 무엇일까요? 온 세상이 충만하다는 것은 무엇인가요? 그 의미를 깊숙이 파고 들어가야 합니다. 저는 오늘 새벽에 잠에서 깨어나 고라니 새끼들과 어미가 산에서 뛰어노는 모습을 보았습니다. 숲 속에서 완벽한 반야바라밀다를 행하는 모습을 보면서 '여러분들도 《반야심경》을 그대로 바라보면 좋겠다' 이런 생각을 해봤어요. 웃음도 반야바라밀다, 화내도 반야바라밀다, 텅 빈 모습 가득 차있는 존재성을 우리 함께 몰래몰래 숨어 공존하면서 자비와 사랑이 넘치는 자유로운 세상의 반야바라밀다를 바라봐요. 우리는 서로 이해하고 사랑하고 용서하고 그래야만이 충만하고도 행복한 반야바라밀다를 이해할 수 있다고 생각합니다.

화두를 참구하다보면 육체가 '나'라고 하는 것이 어느 순간 사라져 소멸됩니다. 소멸되는 그 순간까지 의심하고 의심해서 열심히 하다보면 어느 순간에 불교에서 말하는 '화두삼매'라고 하는 '이 뭣고'라는 단어가 물 흐르는 듯이 흘러내려 갑니다. 이럴 때 육체가 해체되는 상태가 오는데 그럴 때는 깨달은 성자를 찾아 지도를 받아 공부해야 됩니다. 그때부터 진정한 공부가 시작됩니다. 우리 열심히 공부해서 그대로 존재성을 바라봅시다.

화두를 살핀다는 것은 밖에 있는 것이 아니라 내면

깊숙이 들어가는 것을 말해요. 진정한 진리를 이해하기

바란다면 지식과 머리로 생각하지 말고 깊숙이 파고들

어 내면과 사원이 하나가 되어야 합니다. 인간관계도 마

찬가지지요. 사람을 이해하려면 그 사람이 느끼고 있는 환경, 아픔, 고민, 즐거움을 같이 이해해야 하듯이.

부처님께서는 깨달음을 얻기 위해서는 수행해야 한다고 합니다. 부처님도 수행하셨고 역대 조사스님들도 공부를 했어요. 공부의 참맛을 보려면 참선, 마음공부로 깊숙이 파고들어 내면의 진정한 공(空)과 색(色)과 한 몸이 되어야 합니다. 여러분들, 대자유인이 되십시오. 성불하십시오.

2강

보는 바 없이 보다

화두를 참구하다보면 '육체가 나'라고 하는 생각이 어느 순간 사라져 소멸됩니다. 소멸되는 그 순간까지 의심하고 의심하다보면 어느 순간 불교에서 말하는 '화두삼매'인 '이 뭣고'라는 단어가 물 흐르듯 흘러갑니다.

강물 흐르는 모습이나 산에 가면 계곡물이 흘러가는 것을 본 적이 있지요? 그 모습처럼 화두가 흘러 허공에 날려요. 지금 말하는 상태가 이럴 때, 육체가 소멸되는 상태가 되는데 자아본성에 사무쳐있는 성자(깨달은 사람)를 찾아 공부 지도를 받아야 돼요. 그때부터 참나, 자신의 본성(本性)과 색(色)과 공(空)이 사무쳐 자유인이 되는 것입니다.

우리는 열심히 공부해서 너, 나, 아상(我相), 우리들이 생각하는 편견, 고집, 자기만의 세계를 버리고, 그대로 세상을 바라보는 참자유인이 되어야 해요. 공부를 한다는 것은 밖에 있는 사물들을 관찰하는 것이 아니라 내면 깊숙이 들어가는 것을 말해요. 진정으로 참자유인이 되고자 한다면 지식과 머리로 생각하지 말고, 마음속 깊숙이 파고들어 내면과 자연이 하나가 되어야 합니다. 마찬가지로 인간관계에서도 상대를 진정으로 이해하려면 그 사람이 느끼고 있는 아픔, 고민, 즐거움을 공존해야 합니다.

부처님께서는 깨달음을 얻기 위해서 수행해야 한다고 말씀하셨습니다. 부처님도 수행하셨고 모든 조사스

님, 큰스님들도 공부했어요. 공부의 참맛을 보려면 마음

깊숙이 파고들어 진정한 색(色)과 공(空)이 한 몸이 되어

야 합니다.

사리자여, 물질이 허공과 다르지 않고 허공이 물

질과 다르지 않아서 물질이 곧 허공이고 허공이 물

질이며 감각, 지각, 경험, 인식도 또한 그러하니라.

우리는 보는 것만이 존재한다고 믿고 있어요. 아침 이슬이 옥구슬처럼 굴러 연못에 떨어질 때 이슬은 연못 물과 한 몸이 되지요. 그러면 보는 것은 어디에 있고 연못 속에 떨어진 이슬은 어디에 있을까요. 연잎 위의 청개구리 한 마리가 올라앉아 저를 봐요. 보는 자는 청개구리고 보이는 자는 누구인가요? 나죠. 다음 날 아침 그 연잎 위에 앉아 놀던 청개구리는 어디 가고 어제 봤던 모습이 지금은 어떤가요? 보는 바 없이 봤습니다. 보는 바 없이 보는 것은 스크린의 화면처럼 스쳐 지나간다는 뜻입니다.

오늘은 연잎만 보여요. 어제의 청개구리는 어디로 갔을까요? 청개구리의 모습이 보이지 않아 공(空)이라고 해요. 연잎 위에서 놀던 청개구리는 사라지고 머릿속에 기억만 남아요.

기억은 무엇인가요? 사라졌다고 하는 것은 어디에 있어요? 그냥 그대로 존재하는 것 말고는 없는 것 같아요. 우리 집 연꽃밭에는 아침과 낮, 저녁에 원앙새 부부, 백로, 참새들 모두가 자기 집처럼 허락도 없이 날마다 놀러와요. 나 먹고 살려고 우렁이 양식하는데 그들은 나 먹을 것은 남기지 않고 자기들만 배부르게 먹고는 미안하다는 말 한마디 남기지 않고 저녁이 되면 어디론가 사라집니다. 아침이 되면 내가 볼까봐 연꽃밭에 숨어서 또 우렁이 껍질만 남겨놓고, 소리 질러서 가라고 하면 하늘

위로 오르다 나무에 앉아 있어요. 창공은 공(空)이라 하고 나무와 새는 색(色)이요, 색(色)과 공(空)이 서로 어울려 존재하는 것이에요.

감각이라는 것은 무엇인가요? 나는 토굴에 사는데, 홍천에 겨울이 오면 영하 30도까지 내려갈 때가 있습니다. 겨울이 되면 몸이 추워 견딜 수 없더니 봄이 히락도

하지 않았는데 찾아왔어요. 겨울 동안의 그 추운 감각
이라고 하는 것은 어디 가고 푸른 잎, 새싹들이 또 허락
도 없이 푸른 들판에 수묵화를 그리고 있네요. 자연은
어릴 때도 그러하더니 지금도 내 말을 듣지 않는 '수묵
화 개구쟁이'네요.

《반야심경》은 이런 것, 물질도 허공과 같아서 어릴
때의 허공이 지금도 허공이고, 어린 시절에도 놀던 곳이
뒷동산이더니 지금도 역시 동산이에요.

우리 할머니가 어릴 적 옛날이야기를 많이 해주셨
는데, 나도 어린아이를 보면 옛날이야기를 하죠. 나가주
나(용수보살)의 《중론(中論)》에 보면 물결을 비유하는 색
(色)과 공(空)이라는 문구가 있는데, 이는 파도와 바다를
비유해요. 우리 눈에 파도는 분명히 존재하고 바다도 존

재하는데, 그 둘은 서로 어울려 살면서도 독립되게 행동하면서 한 몸을 이루지요.

우리 토굴엔 4천여 평의 연꽃밭이 있는데, 여름이면 서로서로 모르는 체 하다가 사람들이 연꽃 보고 '너희들은 왜 독립되게 행동을 해?' 하고 물으면, 그들은 소리 내어 '우리는 한 몸에 태어나 각자 행동하지요'라고 대답합니다.

은은한 향기, 우아한 연잎. 바람이 불면 코끝으로 향기를 맡을 수 있습니다. 우리는 또 맛보고, 보고 듣고, 말할 수 있습니다. 눈, 코, 입, 귀는 독립되어 있으면서도 한 몸에 어우러져 있습니다.

그런 가운데 눈으로 볼 수 있는 모든 것과 우리가 허공을 걷는 모습에서, 공(空)과 색(色)으로 존재힐 수 있

어요. 색(色)과 공(空) 안에는 감각, 지각, 경험, 인식, 아집, 편견, 명예, 권력, 비었다는 것이 분리되면서 비었음을 의미하는데, 결국 이것들은 모든 생명으로 우주공간에 가득 넘쳐흐르지요.

공(空)이라고 하는 것은 없다는 뜻이 아니라 서로 한 몸이 되어 존재하고, 존재해가는 가운데 독립되어 있고, 독립되어 있으면서 서로서로 사랑하고 그리워하고 함께 정을 나누며 존재하지요. 공(空)은 없어지는 공(空)이 아니라 존재하고 존재하면서 비워져 있고 비워져 있는 가운데 많은 생명들이 어머니 품속처럼 모든 것을 포용하고 안고 가요. 그래서 우리는 존재하고 있다는 사실만으로 감사해야 돼요. 때로 몸이 아파서 힘들 때도 있지만 힘든 가운데 즐겁고 행복하지 않습니까? 공(空)이라는 개념은 비어있지 않다면, 내가 지금 여기에서 이야기 할 수도 없고 비어있지 않다면 여러분들도 존재할 수 없어요. 관세음보살님은 참 저보다 똑똑해요. 이런 말을 할 수 있도록 해주신 관세음보살님께 감사 또 감사드립니다.

만일 공(空)이 존재하지 않는다면 우리는 걸어다닐 수도 없고, 새는 허공을 날지 못하겠지요. 공(空)이 있어 생명이 탄생하고 색(色)이 있어 공(空)이 존재하는 것입니다. 세상은 생명들이 탄생하고, 죽음을 맞이하고, 존재하면서 변하고 변하면서 존재하고 그래요.

때로는 진리라는 자체가 침묵으로 답변을 하기도 합니다. 여기서 잠깐 나옹 큰스님의 시(詩)를 읊겠습니다. '청산은 나를 보고 말없이 살라 하고', 때로는 진리 자체가 침묵으로써 답변을 하기도 하지요. '창공은 나를 보고 티 없이 살라 하네', 있는 그대로 물 흐르듯이 살라는 뜻입니다. '탐욕도 벗어놓고 성냄도 벗어놓고 물처럼 바람처럼 살라 하네' 있는 그대로 바라보라는 뜻이지요. 그대로 보지 못하면 결국은 아집과 편견의 자기만의 고집에 의해서, 싸움과 갈등과 괴로운 욕망 속에 하루하루를 살게 되죠. 우리는 '참나'가 무엇인지 고민하고, 사랑하고 사랑하는 마음을 순간순간 관찰하는 진정한 공부인이 되어야 합니다.

우리는 무상함으로써 생명이 존재할 수 있어 서로 어울리는 무상(無常)입니다. 무상이라는 말은 내가 있고 네가 있고 서로서로 어울리고 독립되어 있으면서 함께 어울리는 우주의 가득 찬 존재성을 말합니다. 10분만 침묵하고 '나는 누구인가, 보고 듣고 말하고 움직이고 하

는 자는 누구인가', '이 뭣고'를 생각해 봅시다. 허공에 구

름을 제거하듯이 그대로 존재성을 바라볼 때, 대자유인

이나 부처님처럼 죽음과 삶이 둘이 아니라는 것에 사무

쳐, 오늘도 허공에 날리고 있는 지금 내 목소리를 관찰

하고 관찰해서 안으로 파고들어 그것이 무엇인가 생각

하는 공부를 해야 돼요.

진리는 다양한 방식으로 표현되었어요. 조사어록이

라든지 육조단경, 마조어록, 팔만대장경, 여러 어른 스님

들이 독특한 방식으로 선을 표현했어요. 그 표현방식이

존재성을 바라보라는 뜻입니다. 존재성을 그대로 인식하

고 그대로 허공에 날리는 모습을 바라보라고 그 수많은

방편들을 설했습니다. 표현방법은 독특한 방식으로 표현

하고 있지만, 진리는 표현이 불가능하다는 걸 나는 알고

있어요. 아무리 표현을 해도 그 경지에 이르지 못하면

문자, 언어, 지식, 순간순간 그때뿐이에요. 팔만대장경을

표현해도 빈 종이, 텅 빈 공간, 충만한 세상일을 알지 못

해요. 존재성을 표현하려고 하면 숨바꼭질하자고 그러네

요. 자유라는 존재성은 하늘 위로 멀리 날아가 버려요.

그나마 조금이라도 표현하기 위해서 우리 같이 내면

여행 떠나요. 마음 찾는 완행열차의 차표 한 장 사서 마

음 깊숙이 여행길 떠납시다. 가다가 힘들면 조그마한 역

에서 쉬어가고 그러다 오순도순 이야기하면서 목적지까

지 동행해요. 마음, 선으로 가는 완행열차에 동승할 분을 모집합니다. 지원 자격이 너무 까다로운데, ①생각할 줄 아는 사람 ②말을 할 줄 아는 사람 ③밤이면 잠자는 사람 ④밥 먹는 사람 ⑤웃는 사람 ⑥학력은 제한 없고 군대는 필하지 않아도 돼요. 모집 조건이 까다로워도 많은 응모 바랍니다.

오늘도 즐거운 하루가 보내시고 긍정의 힘을 믿으세요. 성불하세요.

3강 / 하루에도 수십 번 생각이 살고 죽고

관자재보살이 깊은 반야바라밀다를 행할 때 다섯

가지 요소가 공한 진리를 비추어보아 모든 괴로

움을 여의었느니라.

아침에 일어나서 문득 새들이 노래하는 소리가 들렸

어요. 잠시 침묵하면서 들어봤더니,

“짹짹, 껵기껵기, 메롱 메롱, 약 오르지.”

큰 목소리, 작은 소리, 이른 아침에 합창 연습 노래하

네요. 오늘 아침은 즐거워요. 아침 이슬 입 안 가득 가지

고 와서 입술에 넣어주고 그러네요. ‘여러분 사랑해요’ 하

면서.

《반야심경》에서 법이란 눈에 보이는 현상을 표현해요. 길을 가다보면 활짝 웃는 야생화가 법이고, 우렁이 몰래 훔쳐 먹는 황새가 법이고, 청설모가 뛰어노는 게 법이고, 우리가 보는 모든 것이 《반야심경》의 법이에요. 공(空)이 있어 뛰어 놀 수 있는 거고, 색(色)이 있어 나무가 존재해요. 우리는 공(空)이 있어 움직이는데 공(空)이 없으면 어떻게 걸어다니겠어요?

그대로 봐요. 허공도 보고, 사람들도 보고, 나무도 보고, 진달래도 보고, 공(空)이 존재함으로 모든 생명들은 탄생하고 죽고 사는 가운데 그냥 존재해요.

우리의 마음을 관찰해봐요. 하루에도 수십 번 생각이 살고 죽고 하잖아요. 존재한다는 것, 우리 마음과 같이요.

우리 자성은 그대로 강물처럼 흐르고 있어요. 365일 마음
은 마르지 않고 흐르네요. 죽음과 삶은 둘이 아닙니다. 관
세음보살님은 이런 이치를 표현했어요.

우리는 하루에도 마음이 수십 번 번뇌하고, 보리 망
상이 흐르지요. 흐르는 생각들을 죽음과 삶에 비교해서
표현해봐요. 생각이 사라지면 다시 다른 생각이 떠오르
고 파도처럼 밀려오지요. 죽음과 산다는 것도 이와 똑같
아요. 어느 순간은 부정의 힘이 마음에 흐르고 하루는
긍정의 힘이 흐르지요. 존재성은 이와 같아요. 관세음보
살님은 죽음과 삶이 없다고 했지요.

관세음보살님이 진실이라면 그때 그 순간만은 진실
이어서 '지금 이 순간만은 진실이야' 마음 흐르는 작용
들을 관찰하여 공부합시다. 이런 존재성을 인식케도 공

부해야 참 그대로의 모습을 보고 존재할 수 있어요.

우리는 숨을 쉬고 있어요. 공(空)이 없으면 숨을 쉬지 못해요. 공(空)과 우리가 '나'라고 하는 육체가 공존하고 있어요. 부처님 당시 공(空)이 존재하더니 지금도 있잖아요? 그때 새들도 있고, 여자도 있고, 남자도 있는 것처럼 지금도 있어요. 그때 그 순간만은 진실이라고 하지 말고 지금 이 순간만은 진실이라고 해요. 그대로 존재하는 것, 지금 보는 것, 듣는 것, 우리가 어릴 때 마음이 지금 마음하고 어떻게 달라요?

그 마음이 지금 마음입니다. 달라진 것은 지식과 돈, 가족 부양하는 것 이외는 없지요. 여러분께 떡 하나씩 나누어 주고 '떡을 보세요!' 하고 말하면 여러분들 보고 있지요. 그러면 떡을 맛있게 먹어요. 그런데 방금 보이던

떡은 어디로 갔어요? 보이지 않으니까 공(空)이에요. 보

인 때는 색(色)이고요. 이런 것이 《반야심경》입니다. 그대

로 존재하는 것, 법이라고 하는 것은 봄 산들바람에 야

생화 웃는 모습이고, 사람늘에게 긍정의 힘 심이주는 심

경입니다.

우리는 마음이 보이지 않지만 숨을 쉬고 있어요. 밤이 되면 전깃불을 밝혀요. 전기라는 것이 보이는가요? 우리 자성도 이와 같아요. 우주의 삼라만상은 그대로 존재할 뿐, 믿기 어려우면 마음 차표 한 장 사서 내면여행을 떠나요. 표 한 장 이름표 붙여 내 가슴에 보고 듣고 말하고 '나는 누구인가', '이 뭣고'를 생각해요. 서두르지 않으면 '이 뭣고' 표는 매진돼요. 그러면 마음여행을 떠날 수 없어요. 남들이 표 다 사가기 전에 빨리빨리 사세요. 떠나는 마음여행은 기다려주지 않아요. 떠나가는 버스에 손들면 멈추지 않듯이 차표 환불 해달라고 하면 '50% 환불입니다' 그래요. 우리 인생도 늙어가요. 어서 표 한 장 예약하고 여행을 떠나요. 우리는 불·

법·승 친한 친구를 만날 때 진정한 존재성을 봐요. 열심히 공부하다보면 업식이 소멸되고, 내 몸이 소멸되는 순간 여행을 끝내고 텅 빈 마음으로 그대로 바라보는 것이 《반야심경》입니다.

어제도 존재했고 오늘도 존재해요. 《반야심경》은 내일도 존재하고, 태양, 달빛, 구름, 송아지 등 모든 법과 공(空)입니다. 불·법·승 삼보 그대로 보여요. 부처님께서는 특별한 법문을 한 적이 없어요. 그대로 텅 빈 모습과 가득 차 있는 법문을 해놓고 나는 아무 말 한 적이 없다고 하셨지요. 그 법문은 그대로의 모습을 표현하려고 해서 아무 말도 한 적 없다고 했지요. 저도 말을 하고 있지만 그냥 그대로 흐르고 있잖아요? 《반야심경》을 설명하려고 그러니까 입으로 말하고, 글로 작성하고, 헛소리도 하고 그러네요.

어느 거사님이 와서 무봉사(無峰寺)는 신도가 왜 이리 없어요? 그러기에 나는 목에 깁스한 것처럼 힘을 주면서 말했어요.

“여기는 신도가 백만 명이에요.”

거사님이 말하셨어요.

“신도카드도 없는데 신도가 어디에 있나요?”

“우리 집 연꽃밭에 우렁이 어머니부터 아버지, 아들, 딸, 나무, 풀, 고라니, 바람 모두가 신도요.”

그랬더니 “허풍쟁이, 허풍쟁이!” 하면서 내려갔어요. 나는 존재성을 말했는데 거짓말을 한다고 그래요. 거사님이 잘못 생각하는 게 아니고, 내가 ‘이 뭣고’ 마음표를 한 장 주면 내 말을 믿겠구나 하고 잠시 생각해봤어요.

내 자신이 육체가 '나'라고 생각하면 우리는 윤회에

서 벗어나지 못해요. 참선을 하라고 하는 것은 괴롭고,

태어나고, 늙고, 병들고, 생로병사가 반복되니까 참선을

하라는 것입니다. 모든 성인들이 하신 말씀입니다. 공자

님, 석가모니 부처님, 노자, 소크라테스 그대로의 모습으로 말하면서도 아무 말 하지 않았다고 했지요. 존재성에 색(色)과 공(空)이 사무치면 더 이상 윤회는 반복되지 않아요.

제가 깨달음이란 단어를 사용하지 않는 이유는 본래 우주가 존재하는 텅 빈 상태와 개구리 뛰어다니는 모습일 뿐 깨달아 알아차리면 텅 빈 상태에서 그냥 본성만 존재합니다. 더 이상 색(色)의 세계는 안 나와요.

여기서 잠깐 불교에서 말하는 불·법·승 삼보가 무엇인지 알고 가요. 우리 몸에는 삼보가 존재하지요. 하나는 불(佛)이라 하는 것, 이것은 '텅 빈 마음'을 말하고, 또 하나는 우리는 말을 하고 있잖아요. '말하는 삼라만상'이 법(法)이에요. 승(僧)은 '육체'를 말해요. 사무친다는

것은 그대로 존재하는 것뿐이에요.

공부하는 데 있어 지식을 부정하는 이유는 언어와 지식이 앞서 가면 진정한 공부가 되지 않아요. 진짜 공부를 하고 난 뒤에 지식을 익혀도 아무 상관없는데 학

문을 내세워 '나'라는 존재를 부각시켜요. '나는 누군데' 하고 많이 안다고 생각하지요.

나는 '실참(實參)'이라는 단어를 좋아하는데 내면에 파고들어 공부하는 사람이 되어야 해요. 실참하지 않으면 진정한 자유인이 되지 못합니다. 지식이란 단어는 자기만의 공간세계를 만들어 아집에 의한 존재성을 판단해요. '이 뭣고' 하면서 지식공부하고 그래야 참 수행자입니다. 본성에 우리 다 함께 사무쳐요. 성불하세요.

4강
진흙 속에서 아름다운 연꽃이 피어나다

더럽지도 않고 깨끗하지도 않으며 늘지도 않고

줄지도 않느니라.

어느 날, 들녘 바람에 소리 없는 소리가 들려

산들바람 노래하고 사람들은 춤을 추고 있네요.

어디로 가는지 알지 못하고 신바람 나서 어디로 향

해 가고 있다.

어디 갈까? 궁금해. 풀피리 소리 마음 울리게 소리

내어 불러본다.

돌아온 내 모습, 본성과 공(空)과 색(色), 본연 모습

어디에 가도 그 자리.

오늘은 어디로 갈까? 소리 내어 불러 봐도 그 자리.

산과 새는 노래하고 사람들은 소리 없는 길을 향해 가고 있다.

돌아와 보니 오늘도 그 자리.

매일 악보 없는 선율이 나무, 새, 야생화, 바람 소리 반주해요.

현상은 참 신기하게도 선(善)과 악(惡), 부정과 긍정, 더러운 거름과 아름답게 핀 연꽃이 서로 어울려 조화를 이루어요. 우리는 세상을 살면서 긍정적인 면만 좋아하지요. 부정은 누구 할 것 없이 싫어하고. 그런데 어떻게 해요? 부정과 긍정은 하나인데요. 존재성은 늘지도 않고

줄지도 않습니다.

아침에 출근할 때마다 타는 지하철이나 버스 크기
가 달라지나요? 사람이 많으나 적으냐에 따라서 쾌적함
이 달라지는 것이지 크기는 똑같습니다. 연꽃밭에 더러

운 거름을 줄 때 저는 얼마나 행복한지 몰라요. 여름이 되면 우아한 연잎과 은은한 꽃들의 향기가 퍼지고, 비가 오면 연잎 위에 떨어지는 빗방울, 동그란 연잎, 참새, 청개구리 앉아있는 모습들 모든 것이 아름답게 보여요. 더럽거나 깨끗한 모습은 결국 한 모습의 우아한 연꽃으로 피지요.

우리는 단지 겉모습만 보고 냄새, 촉감, 맛, 느낌으로 판단하여 한쪽은 아름답다고 하고 한쪽은 지저분하다고 하지요. 하지만 아름다운 꽃을 피우기 위해서는 거름이 필요하고 그 거름은 아름다움으로 열매를 맺지요. 만약 여러분들이 농사꾼이라면, 고약한 냄새의 거름은 얼마나 소중한 존재인가요. 밭이나 논에 거름을 주면 다시 곡식으로 활짝 피어오르고, 우리늘에에 생명을 유지하게 하지요.

결국 더럽다고 한 것은 맑고, 향기로운 아름다운 꽃이 되지요. 그러면 자연은 더럽거나 깨끗하다고 말할 수 있어요? 가만히 생각해보세요. 결국은 우리 생명과 공존하면서 탄생하고 본래의 자리로 돌아가지요. 결국 거름과 곡식은 공생관계가 돼요. 거름과 우리는 서로 존재하면서 더불어 살지요.

어느 날 문득 여행을 떠나자 소리치고 싶을 때가 있지요. 그래서 바다로 가고, 산으로 가고, 외국여행을 하고, 노래방에서 노래하고, 몸짓을 흔들면서 춤을 추고 그래요. 어디로 가는지 모르고 돌아와 보니 오늘도 집이에요. 끝없는 마음여행을 하면서 돌아온 그 모습을 보세요. 그래서 앞의 시(詩)처럼 사람들은 소리 없는 길을 향

해 가고 있다. 돌아와 보니 오늘도 그 자리. 내일도 악보 없는 음악에 야생화가 반주한다고 했지요. 존재성을 가만히 바라봐요. 서로서로 돕고 공존해요.

더럽다고 생각하면 마음에 부정이 스며들지요. 그러면 우리는 결국 괴로움과 부정적인 마음으로 가득 차요. 마음이 그러하면 얼굴에 나타나고, 말에서 부정의 의미가 허공에 날리지요. 결국 부정은 고통으로 이어져요. 반대로 향기롭고, 고귀하고, 즐겁고, 재미있다고 생각하면 우리 마음은 어떻게 작용하는가요? 힘이 솟고, 자신감 있고 무엇이든 할 수 있다는 생각이 들지요. 부정과 긍정의 두 모습에서 아름다운 꽃이 핀다는 것을 알아야 돼요. 따라서 우리는 긍정의 아름다움만으로 세상을 바라보지 말고, 부정도 바라보면서 살아야 해요.

악(惡)이든 선(善)이든 한쪽만 바라보면 그 즉시 곤경에 처해집니다. 악(惡)만 존재할 수도 없고, 선(善)만 존재할 수도 없어요. 영원히 악(惡)과 선(善)을 그대로 바라보면서 마음은 항상 긍정의 힘을 믿고 하루하루 사는 게 행복하지 않나 생각해요.

지금 저는 《반야심경》을 하고 있어요. 《반야심경》을 하면서 공부하자고 하는데 그것은 존재성을 우리가 바로 보자고 하는 거예요. 저는 삼보에게 늘 예불드리고 감사해요. 삼보는 텅 비어 있는 가득 찬 부처님께 예배를 올리고 모든 생명들에게 팔만사천대장경 경전에게 감사하고, 존재성을 공부하라고 하는 스승님께 공경 예배합니다.

생존하기 위해서는 서로를 존중하고 이해하면서 더

불어 살아야 돼요. 더불어 살아가는 데는 긍정의 힘이 필요해요. 힘든 일이든 슬픈 일이든 긍정적인 마음자세로 할 수 있다는 마음, 해낼 수 있다는 생각을 가지고 늘 살아야 돼요. 어울려 살아가면서 서로 돕고 이해하고 한 발짝씩만 양보하고 그런 사회가 되었으면 해요.

선한 행동만 있는 것이 아니고, 악(惡)이 있어 선(善)

이 있고, 선(善)이 있어 악(惡)이 있어요. 더러움이 있어 깨끗함이 있고, 즐거움이 있어 괴로움이 있어요. 그대로 세상을 바라보면서 긍정의 힘을 믿고 어떤 일을 할 때 포기하지 말고 좌절하지 말고 우리 함께 공존해요.

관세음보살님은 《반야심경》에서 '더럽지도 않고 깨끗하지도 않다'고 말했지요. 우리는 존재하기 위해서 더럽다는 생각과 깨끗하다는 생각을 버리고 서로 포용하고 더불어 살아야 합니다. 앞서 설명했듯이 더러운 거름이 아름다운 연꽃으로 피어나듯, 결국 냄새나는 거름과 연꽃은 서로 존재해야만 돼요.

'늘지도 않고 줄지도 않느니라.'

공(空)은 텅 비어 줄지도 않고 작아지지도 않아요. 마음이 텅 비어 있는데 어떻게 고무줄처럼 줄어들까요.

어떻게 늘어날까요. 우리의 존재성은 그대로 있을 뿐이에요. 우리의 생각과 생각이 만나서 '작다' 하고 '크다' 하고 그래요. 우리는 업식(業識)에 의해서 분별을 하지요. 텅 비어 있는 허공에 물어보세요. 고무줄처럼 늘어나고 줄어드느냐고.

크거나 작다는 생각은 우리 마음 안의 관념입니다. 내가 있어 모든 현상이 존재하고, 존재하고 있습니다. 숲에서 나오는 산소를 마시고, 나무로 집을 짓고, 불이 있어 추운 겨울을 지낼 수 있고, 물이 있어 생명을 탄생시키고, 흙이 있어 곡식을 심어 모든 생명이 유지될 수 있어요. 더 이상 죽음과 삶을 두려워하지 말아요. 탄생과 죽음 그대로일 뿐 둘이 아니라는 뜻이죠. 지금 이대로의 모습으로 우리 함께해요.

여기서 잠깐만 불교교리만 하면 재미없어서 삼천포로 돌아갈게요. 김수희 선생님 노래입니다.

'비 내리는 호남선 완행열차에 흔들리는 차창 너머로 빗물이 흐르고 시냇물도 흐르고 잃어버린 첫사랑도 흐르네. 깜빡 깜빡이는 희미한 기억 속에 그때 만난 그 사람 자꾸만 멀어지는데 만날 수 없어도 잊지는 말아요. 당신을 사랑했어요.'

저는 존재성을 사랑해요. 공(空)과 색(色), 그대로의 모습으로 사랑합니다. 그대가 침묵으로 대답할지라도 나는 당신을 잊지 않을게요. 영원한 침묵(우리 마음의 자아본성)을.

완행열차를 타본 적이 있나요? 광주에서 서울까지 13시간 정도 걸려요. 완행열차는 사랑, 자비, 용서와 화합, 시비, 갈등을 가득 싣고 가는 열차지요. 도시역, 군역, 면역, 간이역 사람들을 태우고 손 들면 쉬어가고 그랬던 것 같아요. 완행열차는 자비심도 많고 사랑도 정도 많아요. 왜 이리 타인들에게 양보심도 많은지. 새마을호가 지나가면 한쪽 철로에 서서 양보하고 우등열차도 양보하고. 어릴 때는 완행열차 원망도 많이 했지요. 지금 생각하니까 인내하는 방법을 배운 것 같아요.

세상을 살다보면 힘들 때도 있고, 좋은 일도 있고, 본인의 의사와 상관없이 살게 되지요. 불교에서는 '인과응보'라고 해요. 완행열차는 인생 공부를 많이 가르친 스승이지 않나 생각이 들어요. 화두를 공부할 때 서두르지 말고 앞으로 나가면 마음의 종착역이 다가와요. 광주에서 서울까지 양보도 하고 쉬어가고, 새마을호가 지나가면 먼저 앞서 가시라고 양보하면서 그래도 열차는 서울까지 도착하더라고요.

마음도 이와 같아서 하루아침에 존재한다는 것. 색(色)과 공(空)이 그대로 바라본다는 것, 콩나물과 고춧가루 팍팍 섞어서 먹듯이 존재성을 바라보기가 쉽지는 않지만 완행열차처럼 힘이 들면 쉬어가고, 그러면서 '이 뭣고' 차표 한 장 사서 동행해요. 언젠가는 너와 함께 하겠지요. 지금은 알 수 없어도 존재성에 사무치는 날이 오겠지요. 완행열차처럼 쉬어가고 양보하고. 성불하세요.

5강
하루 종일 웃고 또 웃고

　새마을호 기차가 지금 서 있는 간이역을 통과하는

관계로 먼저 보내고 30분 후에 출발하겠습니다. 그렇게

양보하면서 출발해도 결국 서울에 잘 도착하더라고요.

우리가 공부해야 하는 이유는 한 가지 이외에는 없어요.

마음의 종착역에 도착하는 그날까지 완행열차 타고 떠

나요. 절대 포기하지 말고. 순간순간 포기하고 싶은 생각

이 들더라도 그냥 흐르고 있는 지금 이 순간, 그 생각을

'이 뭣고'로 생각해요.

　완행열차는 표값도 얼마 안 해요. 새마을호 반값의

반값도 안했던 것 같아요. 입석은 또 얼마나 저렴한지

요. 광주에서 서울까지 완행열차 표값이 만 원이면 입석

은 천 원인가 그래요. 열차 출입문에 신문지 깔고 앉아

아름다운 풍경도 감상하고, 사람들이 화장실 가면 일어

나서 양보도 하고, 그러다가 심심하면 열차 한 칸, 두 칸,

세 칸 끝에서 숫자 세어가면서 여기 왔다, 저기 갔다 하

는 그런 기분도 얼마나 행복해요.

그런데 이 표값보다 돈이 더 안 드는 표가 있어요.

돈이 하나도 안 드는 표가 있어요. 바로 '이 뭣고'표. 몰

래 타고 가도 혼내는 사람 없고 조사하는 사람도 없어

요. 진리를 원래 말로 이해한다는 것은 어렵습니다. '진리

가 무엇이냐'고 묻는다면, 저는 침묵으로 답하겠습니다.

육체가 '나'라고 하는 순간 우리는 윤회를 해요. 윤회

라는 말을 믿기가 어려우니까 본성에 사무쳐 공부하자

는 거예요. 윤회는 사람으로도 태어나고 돼지, 토끼, 말, 나무, 풀, 구름, 목적지 없는 바다를 끝없이 향해가요. 그런데 화두는 마음의 종착역이 있어요. 텅 빈 마음과 허공에 날리는, 지금 말하고 있는 언어, 육체, 서로 어울려 삼라만상을 말해요.

성철스님의 《자기를 바로 봅시다》에 보면 진공 상태라는 표현을 많이 하셨는데 그런 상태를 말하지요. 그런 상태를 알려면 화두 공부를 해야 돼요. 하지 않고서는 공부의 참맛을 느낄 수 없어요. 윤회라는 것도 마찬가지예요. 내 자신이 모르니까 믿기 어려워요. 저도 여러분과 똑같은 생각을 했어요. 윤회라는 것이 정말 있을까? 그게 사실일까? 의심을 했지요. 그래서 공부하자고 하는 거고 공부하면 진정한 존재성의 맛스러움을 알게 되고

요. 끝없는 윤회에서 벗어나게 돼요. '이 뭣고' 한 장 내

가슴에 확실하게 도장 찍어 끝까지 가요. 그래서 존재성

을 붙잡아요.

처음 공부하는 사람은 보고, 듣고, 말해야 한다는 것

을 줄인 단어가 '이 뭣고'입니나. '이 뭣고'라는 것은 어떤

답이 있는 게 아니라 육체가 소멸되는 그 순간까지 깊숙이 파고들어 공부해 나가는 데 목적이 있어요.

그래서 처음 공부하는 사람은 다른 생각이 떠오르면 다시 '이 뭣고'로 돌리고, 또다시 다른 생각이 떠오르면 다시 '이 뭣고'로 돌리고. 돌리고, 돌리고. 청춘을 돌리지 말고요, 마음을 '이 뭣고'로 돌리자고요. 다른 생각이 떠오르면 다시 '이 뭣고'. 끝없이 공부해 나가면 마음이란 언젠가는 나와 함께 공존해요. 그러다보면 마음의 문이 활짝 열리는 날이 와요. 아무도 모르게 살며시 다가오지요. 그러는 순간 육체가 '나'라는 생각이 없어지고 순수하게 텅 비워져 있는 진여의 상태가 그대로 나타나요. 초보자들의 경우에는 너무 많이 하지 말고 처음에는 5분 정도 해서 시간을 늘려가는 것이 현명한 방법입니다.

　세상에 사는 사람들은 회사 다니면서 집에서 5분이나 10분 정도 수행하는 것이 적당한 것 같아요. 수행한다는 것은 속이나 고요한 곳을 따로 찾아 수행할 필요는 없는 것 같고요. 자아탐구는 환경이 중요하지 않습니다. 마음의 자세가 중요합니다. 우리는 누구나 대자유인이 될 수 있어요. 완행열차 타고 천천히 바람도 쉬어가고 새들도 쉬어가고 할머니 할아버지들도 쉬어가는 간이역에 들러 급하게 하지 말고 천천히 공부해나가면 마음의 종착역에 도착하는 것 같아요.

　길 위에 마음과 마음이 마주치면 새들이 날아가요.
　나를 쳐다보면 큰 눈, 하얀 살결이 단풍 드네.

나도 단풍 들어. 단풍 든 길 위에 바람을 맞는다.

바람에 차가 흔들려 흐트러진 마음

흔들리지 말아야 할 내 모습.

우리 서로 단풍 들지 말자.

길 위에 마주치면 소가 닭 보듯이 너만 흔들려.

저는 어렸을 때 시골에서 자랐어요. 시골에서 자란 분이면 누구나 아실 거예요. '소가 닭 보듯이 하라'는 말을. 소는 한가하게 풀을 뜯고 있고 닭은 그 밑에서 먹이를 쪼아대죠. 그런데 참 이상하게도 소가 닭을 뒷발질하는 모습을 한 번도 본 적이 없어요. 여러분들은 보신 적 있어요? 보신 분 있으시면 사진 좀 찍어서 저 좀 보여줘요. 지금노 시골에 사는데 소가 닭을 뒷발질하는 것을 보지 못했어요. 소는 닭에게 관심이 없더라고요.

공부도 마찬가지예요. 망상을 닭으로 표현하고 화두를 소로 표현 해봐요. 그러면 망상에 관심 없잖아요. 그래서 망상이 일어나면 화두 '이 뭣고' 하면서 관찰해봐요. 그러면 소가 닭 보듯이 돼요. 정말 정말 돼요. 이런 식으로 우리 다 함께 공부해요.

여러분 《반야심경》이 어렵다고 생각하지 말고 움직이는 자체가 《반야심경》이라고 생각해요. 밥 먹고, 화장실 가고, 운동하고, 직장에 가서 일하고 그러면서 공존하고 존재한다는 것이 심경이라고 생각하면 아주 쉬워요. 우리가 참선하는데 처음부터 완벽할 필요는 없어요. '나는 할 수 있다'는 믿음만 있으면 공부하는 데 1주일도 걸리지 않아요. 언젠가는 마음의 문이 열려 환하게 그냥 웃음만 나와요. 왜 그런지 아세요? 너무 쉽고 아는 사실이니까. 공부하겠다는 생각만 가지면 공부는 이미 완성 단계에 도달했다고 생각해요. 어느 순간 새소리의 텅 빈 상태가 오고 바람 소리 들녘에 곡식들을 보면서 순간적으로 깨달음의 상태가 다가와요.

화두를 공부하다보면 여러 가지 장애물과 부딪치게 되는데 거기에 따라가지 말고 절대 포기하지 말고 공부해요. 넘어져도 오뚝이처럼 다시 일어나는 마음, 깊숙이 관찰하다보면 어느 순간 마음이 열려 웃음만 나와요. 이렇게 쉬운 화두공부인데, 왜 책들은 그렇게 어렵게만 설명했는지 모르겠어요. 웃음만 한없이, 끊임없이 하루 종일 웃고 또 웃고 그러다가 대자유인이 되는 거예요.

깨달은 사람은 '본성품이 불·법·승, 삼보라는 것 말

고는 육체나 그 밖의 아무것도 존재하지 않는다'는 사실

을 알아요. 그대로의 모습일 뿐, 깨닫는다는 것조차 말

하는 것이 모순이에요. 《반야심경》에서는 진리를 새로 만들거나 대륙을 발견하는 게 아니고 그대로 있는 존재성을 말하고 있어요.

본래 성품 자리에 있는 분들을 '성자' 또는 '조사스님'이라고도 해요. 배고프면 식당에서 먹고 싶은 음식 주문하잖아요? 어떤 분은 설렁탕, 김치찌개, 어떤 분은 따로국밥 한 그릇 주세요, 하잖아요. 본성, 진여에 있는 분은 '성자', '깨달은 분' 이런 문구에 관심 없어요. 본래 존재할 뿐. 다시 색(色)만 가지고 이야기해야 하겠네요.

세상 사람들은 생명을 유지하기 위해서 돈 욕심을 부리고, 명예와 권력을 갖고 싶어하죠. 존재하기 위해서 어쩔 수 없는 욕망이라고 표현하고 싶어요. 물질이 없으면 살아갈 수 없고 정신이 빈곤하면 하루하루 살고 있다는 것이 힘들어요. 정신과 물질은 하나라고 보면 돼요.
텅 빈 마음, 돈, 명예, 욕망, 물질과 정신은 함께 다정스럽
게 가야 해요.

경쟁하는 사회에서는 자신이 어떻게 하지 못하는 삶
입니다. 따라서 참나, 진여 모습을 보고 난 뒤에 말하고,
보고, 듣고, 생각하는 진여본성, 성품을 증득해야 돼요.
세상을 한 눈으로 볼 때 존재성은 증득돼요. 그래서 성
자들이 순수하고 철없어 보이고 바보처럼 보이고 그래
요. 참나를 알아차리기 전에는 세상 보는 눈을 여러 눈
으로 봐요. 자기라는 생각, 너도 있고 나도 존재하고 서
로서로 따로 국밥으로 세상을 바라보지요. 사회의 경쟁
속에서 성공하고자 하는 마음, 돈, 명예 등 이 생각 저
생각하면서 생명을 유지하기 위한 욕망을 키우지요. 하

지만 본래의 천연스러운 진여, 존재성은 세상을 여러 눈으로 판단하지 않습니다.

깨닫고 난 뒤에는 깨달았다는 생각이 없어요. 설명하려고 하니까 '깨달음'이란 문구를 쓰는 거예요. 그대로 본성에서 보라고 했지요. 색(色)과 공(空)과 물질 욕망에서 한쪽 눈에 티가 들어가 허공을 날린다고 했지요. 조사스님 문구대로 나 혼자 허공에 날리면 재미없어서 여러분들에게 완행버스 타고 같이 가자고 했어요. 나 혼자 가면 심심하고 재미없어서 외로워요. 같이 동행하면 존재성을 확실하게 붙잡아요.

여러분들은 물질만 보여요. 욕망, 출세, 돈, 보이는 것만 보이지요. 깨달은 성자는 정신과 물질, 돈, 세상을 한 눈으로 보고요, 그대로 존재하지요. 서는 징신과 물질이 동행하는 친구를 만날 때 너무너무 행복해요. 이런 분들은 천진난만한 아이들 같다고 하지요. 본성에 사무쳐 있어보면 많은 이들이 그런 분들을 부러워해요. 하지만 부러워하면서도 욕망이 먼저 길을 가지요. 현실의 삶을 유지해야 하니까요.

그러다가 어느 순간 '내가 왜 이러지?' 하면서 어디로 떠나고 싶고 다시 돌아와 보면 또 그 자리. 그래서 욕망과 정신공부인 화두를 우리 함께해요. 어느 한곳에 집중하게 되면 배고픈 사람처럼 어디로 가는지 모르고 가고 있어요. 돌아와 보면 또 그 자리입니다.

어떤 분들은 비우라고 하는데 어떻게 비워요? 본성이 흐르고 있는데, 탐욕을 벗으라고 하는데 어떻게 벗어요? 돈이 없으면 현실이 힘들어지는데, 또 화두공부만

하라고 하는데 아이들 학비는 어떻게 하라고요. 내 아들, 딸, 부인이 먹고사는 문제는 어떻게 하라고요. 그래서 보는 바 없이 보고, 들은 바 없이 듣고, 물처럼 바람처럼 흘려버리고, 차별 없는 마음을 흘러가는 대로 세상을 살면서 안 되는 것을 붙잡으려고 하면 달아나버려요. 마음에 맡기고 생활하면서 참나, 본연 모습을 증득해 살자고요.

물질은 《반야심경》에 색(色), 공(空) 하나로 존재해요. 텅 빈 마음이 부처님이고, 뛰어다니는 개구리가 법이고, 움직이고 보이는 모든 현상을 '승'이라고 해요. 삼보 그대로 존재해요. 돈도 벌고, 출세도 하고, 그러면서 화두공부 함께해요.

보너스 한마디 하고 갈게요. 돈 많이 벌면 차 한잔

사주세요. 이 말을 하지 않으면 다음에 보면 모르는 사
람처럼 길을 갈까봐 그래서 걱정이 돼서요. 공짜 차 한
잔 얻어먹지 못하면 배가 아플 것 같아서요. 본성에 그
대로 존재하세요. 성불하세요.

6강

지금 모습 그대로

공(空) 안에는 형상도 없고, 느낌도 없고, 생각도 없고, 눈과 귀와 코와 혀와 마음도 없다. 형상, 소리, 냄새, 맛, 촉감도 없고 마음 대상도 없다. 의식에 이르기까지 어떤 세계도 없고, 늙고 죽음의 소멸도 없다. 고통이 없고, 고통의 원인도 없고, 고통의 멸함도 없고, 멸하는 길이 없고, 인식도 없으며, 얻음도 없고, 얻을 것도 없다.

창공을 봐요. 창공은 느낌이 있어요? 텅 빈 허공은 느낌을 말하지 않고 지식과 지견, 생각을 말하지 않아요. 허공에 형상을 한 번 그려서 만들어보세요. 존재의 모습으로 있어요? 창공에 글자를 새겨보니 아무것도 보이지 않잖아요. 허공에는 형상이란 느낌, 생각을 허공에 그림을 그려도 보이지 않아요. 눈과 귀와 코, 혀, 몸, 마음도 없다고 하는 거예요. 화두를 공부하다보면 육체가 소멸되는 순간 눈, 귀, 코, 혀, 몸 그런 것이 보이지 않습니다. 본성이 그대로 존재하는데 표현이 좀 힘들지만, 어떻게 할까 생각도 하고 그런 모습이 존재할 뿐 텅 빈 마음과 진여본성이 흐르고 육체가 공존하면서 이렇게 설명해요. 말하는 언어가 우리 불성입니다. 옛날 어른 스님이나 부처님은 침묵으로 답변을 했다고 해요.《화엄경》에 나오는 시(詩) 구절입니다.

두만강 푸른 물에 쿵짝짝 쿵짝 노 젓는 뱃사공

흘러간 그 옛날에 내 님을 싣고 쿵짝짝 쿵짝

유행가 유행가 신나는 노래 우리 한 번 불러보자

(누구를? 불성을)

왜 불러 왜 불러 돌아서서 가는 사람을 왜 불러

돌아설 때 무정하더니 왜 왜 왜

여러분, 사랑하는 사람이 떠나고 난 뒤를 상상해보세요. 애달프게 보고 싶어 사무치는 저 우리 자성도 다 함께 차차차 하면서 그리워해요. 사랑만 하지 말고요. 송대관 선생님, 송창식 선생님 노래를 화엄시로 인용했어요. 《반야심경》을 해석한다면서 웬 대중가요냐고요? 지금 이대로의 모습으로 존재해요. 그래서 《반야심경》입니

다. 부처님 말씀이 저 너머 보이지 않는 곳에 있다고 생각하지 말고 가정, 직장 그대로 존재한다는 생각만 바꾸어요.

우리가 고통받는 이유는 욕망 때문이지요. 물질을 많이 소유하려는 생각, 그로 인해 다시 고통이 시작되지요. 물질의 욕망을 완전히 버리라고 말하고 싶진 않아요. 그 대신에 가치관을 바꾸자고요. 생각이 긍정적으로 바뀌면 생각은 현실이 되고 존재계로 다시 태어나요. 이런 것이 존재성이에요. 삶을 어떻게 설계해서 고통을 줄일 것인가? 욕망이 클수록 고통도 어마어마해요. 그래서 마음공부도 같이 하면서 고통을 줄여 나가요.

공(空)은 물질을 달라고 어린아이처럼 울진 않아요. 가수 김종환의 노래 '힘이 들 때면 너를 생각해'처럼만

하지 말고 마음도 생각해주세요. 바다로만 가지 말고 존재계로 마음여행을 떠나요. 우리의 몸은 눈, 귀, 코, 혀로 느껴요. 형상을 보고, 소리를 듣고, 코로 냄새를 맡고, 혀로 맛을 느낍니다. 맛집으로 유명한 곳에 가서 음식을 먹습니다. 들어가서 막상 먹어보니, 혀로 맛을 보고, 음식 질감을 느끼고, 눈으로 음식을 보면서 모든 감각들이 사용돼요. 어느 것도 홀로 존재할 수 없고, 존재하기 위해서는 서로서로 의존하면서 도와야 된다는 것이죠. 이 해도 없고 얻을 것도 없다고 했지요.

우리는 어느 하나의 상(相)을 만들어서 사실인양 믿고 의지하면서 또 다른 욕망을 만들어 나가지요. 텅 빈 형상이 만들어지고, 색(色)으로 다시 태어나고, 안이비설신의(眼耳鼻舌身意)가 존개하면서 또 텅 비워져있으면서 그대로 존재할 뿐입니다. 관세음보살님은 이런 이치를 설명하고 있어요. 텅 비워져 있고 충만하게 가득 찬 현상계, 우주법계가 《반야심경》이네요. 우주현상 존재계는 차별을 하지 않아요. 존재한다는 것이 무엇이기에 화두공부를 하자고 그럴까요? 부처님은 '생로병사가 있다'라고 하시면서 또 거짓말하는 사람처럼 '없다'라고 말을 바꾸지요. 왜 그럴까요?

우리 모두 다 함께 차차차, 노래 부르면서 '문 없는 문'을 열고 들어가자고요. 윤회를 하면서 습관과 업(業)이 끊임없이 일어나고 일어나도 마음의 문을 열자고요. 깊숙이 들어가야 바다에서 우리가 보지 못한 세상, 아름다운 풍경을 보듯이 마음의 문을 열어 보자고요. 존재계가 무엇인지 스스로 문을 열어야 돼요. 그래야 《반야심

경》을 이해할 수 있어요. 그렇지 않으면 생로병사를 벗어

버릴 수 없어요. 우리 몸은 지수화풍으로 이루어져 있어

요. 이렇게 말하고 대답하고 그러는 것뿐이에요.

　허공의 끝없는 여행을 하면서 우리의 몸이 텅 빈 모

습과 현상을 보고 그 지리, 그런 이치를 알아서 마음의

고향에 들어가요. 텅 빈 마음에서 보고, 듣고, 말하고, 행동하고, 냄새 맡고, 혀끝의 맛을 알고 그래요. 깨달은 스승들은 무엇이 다를까 그런 생각이 들겠지요? 여러분들은 '내 몸이 나'라는 집착이 아주 강해요. 깨달은 스승들은 몸이 '나'라는 생각이 없어요. 텅 빈 마음과 존재계의 현상이 그대로 존재한다는 것을 깨닫고 난 뒤에도 배고프면 먹고, 듣고, 말하는 것은 여러분과 다르지 않아요.

단 한 가지 차이점이 있어요. 세상을 한 눈으로 본다는 것입니다. 여러분들은 세상을 여러 눈으로 보면서 판단하잖아요. 그런데 왜 '깨달은 사람은 깨달은 사람만이 알 수 있다'라고 했을까요? 궁금해하고 공부해보세요. 《반야심경》을 이해하기 위해서는 자신이 먼저 증득돼 사무쳐야 됩니다.

존재계에 사무쳐있는 스승들은 어린아이와 비슷해요. 어린아이들은 어떤 사물에 관심을 갖게 되면 집중하면서도 다른 사물에 관심을 두지요. 존재계에 사무쳐있는 부처님이나 조사스님들도 비슷해요. 다른 이들은 이해하기가 조금 힘들 때도 있을 겁니다. 성품에 들어가기 전에는 내 몸이 '나'라는 생각이 정말 강해요. 그런데 텅 비워져 있는 상태에 들어가면 현상들이 그대로 보이면서 텅 비워져 있다는 거예요. 공(空)과 색(色)이 안이비설신의(眼耳鼻舌身意)에 사무쳐있는 분들은 모든 사람이 모두 다 깨달은 분들처럼 보여요. 그냥 그대로의 모습으로 존재하니까. 따라서 존재한다는 마음은 부정하면 안 됩니다.

많이 받는 질문 중의 하나가 '깨달은 분들은 사회에

서 무엇을 합니까?'입니다. 깨달은 분들은 다른 사람과 어울려 지낼 사람이 없어요. 왜? 본성에 그대로 존재하면서 서로서로 어울리고 있는데, 그런 모습은 보지 못하고 현상의 눈으로 판단해버리니까요.

우리는 왜 깨달아야 하는 건가요? 여러분들, 아침에 일어나면 회사에 출근하지요? 출근해서 하루 종일 일을 해요. 순간순간 그 마음들이 어떠하신지요? 지금 생각과 앞으로 다가올 생각, 미래에 대한 걱정, 삶에 대한 걱정, 하루도 빠짐없이 생각하고 살아요. 번뇌 망상을 비우고 비우는 과정에 우리가 조금 편하자고 공부를 하자는 거예요. 텅 빈 마음으로 그 텅 빈 상태의 본성을 그대로 관찰하면 괴로움이 좀 덜해요.

그 괴로움을 덜기 위해서 보고, 듣고, 말하고, 움직이

면서 '나는 누구인가. 이 뭣고'를 계속 관찰하다보면 어

느 순간 성품이 공(空)해져요. 육체가 소멸된다고요. 그

럴 때 자아의 모습이 어느 순간에 존재성으로 비쳐져요.

그래서 공부를 하면서 자유인이 되자고 하는 소리입니

다. 성불하세요.

7강
긍정의 마음은 현실이 되고

본성을 '붓다'라고 표현해보겠습니다. 한 분의 붓다가 나온다고 세상이 달라지는 것은 없어요. 그대로 존재할 뿐. 그대로 존재하는 것만으로 세상을 돕지요. 도움을 주는 가장 좋은 길은 성품(性品)에 도달하는 것 말고는 없어요. 사회에 공헌하고 싶으면 진여본성에 존재하면서 공(空)과 색(色)에 한 몸이 되세요. 진정한 출가란 사회 규범을 버리는 것이 아니라, 우리들이 가지고 있는 욕망, 탐욕, 분노, 집착을 천천히 버리면서, 화두공부하면서, 직장도 다니고 서로 어울리고, 집에 오면 본성여행도 하는 겁니다. 이런 것이 바로 진정한 출가가 아닌가 생각해요.

그래서 어느 순간에 진여본성에 사무치면 본성(本性)이 가지고 있는 사랑과 자비가 삼라만상에 흐르게 되지요. 공(空)과 색(色)은 한 몸이면서 다른 길을 가고 있어요. 우리가 긍정의 힘만 믿는다면 너와 내가 한 몸이면서 영원한 자유의 길에 동행하는 여인처럼, 활짝 웃는 꽃들처럼, 너와 내가 한 몸이지만 한 몸으로 알아차릴 수 있고, 가득 차 있는 사랑과 용서, 화해, 갈등이 서로 어울려서 강물처럼 흘러요. 흐르는 그 모습을 그대로 관찰하면서 존재하는 모습을 보세요. 배 타고 나아가 바다 한가운데에 '이 뭣고'를 던져 찾는 날까지 영원히 진여본성과 함께해요.

여러분, 연인 간의 사랑도 그렇게 해보세요. 얼마나 행복할까요. 꽃 피는 산골에 꽃이 만발하고 있는데 바

다에 던져버린 '이 뭣고'는 언제 또다시 만날까? 아, 너무 보고 싶다.

누구나 할 수 있고 누구나 가능해요. 한 생각 돌리면 진여본성과 함께 할 수 있어요. '나는 할 수 있다'라고 생각만 바꾸면 돼요. 어떤 일을 하는데 반복처럼 하는 것만큼 습관이 되는 것은 없어요. 반복이란 연습도 긍정의 마음에서 시작돼요. 하루아침에 부처님이나 조사스님들처럼 되겠다는 급한 마음은 버리고 천천히 하면서 마음의 '문 없는 문'을 열어 나가자고요.

마음의 문을 열고 들어가기 위해서는 여기저기 힘든 일이 많아요. 변수도 숨어있고요. 그러나 자신을 믿고 화두를 끝까지 행동으로 노력한다면 그런 장애물은 극복할 수 있어요. 우리는 어떤 일을 하려면 마음이 생각하는 쪽으로 흘러가요. 화두도 하다보면 '문 없는 문'인 마음의 문이 열려요. 정말 '열려라 참깨'처럼 열려요. 하루에 5분이나 10분 정도 빠짐없이 반복해요. 생각이 달라지면 현실이 되고, 우리 인생도 긍정적인 마음의 문을 열면 언젠가는 본연의 모습하고 한 몸이 돼요. 마음 없는 마음에 수묵화 한 장 그리세요. 허공을 걸으면서 자신이 생각하고 있는 진여본연의 마음속에 그려요. 긍정적인 마음은 현상세계로 나타나 그대로 이루어져요. 긍정의 힘을 믿으세요.

역사적으로 유명한 사람들의 공통점은 긍정의 사고방식과 꿈을 마음속에 그려놓고 절대 포기하지 않는 정신을 가졌다는 것입니다. 비바람이 마음을 흔들지라도 좌절하지 않습니다. 마음의 의식은 현실이라는 긍정의

마음, 색(色)과 공(空)이 한 몸이면서 독립되어 있고, 독립되어 있으면서 존재한다고 했어요. 마음과 꿈과 현실은 한 몸이면서 서로 존재하지요. 그래서 긍정의 마음은 현실이 되고 꿈이 이루어지는 거예요. 긍정의 마음은 현상이고 행복한 세상을 살 수 있어요. 《반야심경》을 어렵

다고 생각하지 마세요. 마음에 구름만 없으면 그대로 맑은 하늘이 나타나듯이 진여본성이 그대로 보여요. 마음 속에 꿈을 꾸어요. 화두도 그렇고요.

부정을 생각하면 부정의 그림자가 현실이 되고, 긍정의 마음을 생각하면 현상세계로 나타나요. 색(色)과 공(空)과 법이 한 몸으로 이루어졌다고 했지요. 법이란 모든 현상들이 법이고 강물처럼 영원히 존재하는 것이 깨달음이에요. 부정적이면 현실이 어떻게 돼요? 현상으로 나타나 부정의 의미만 현실로 나타나요. 우리는 긍정만 생각하려고 노력하자고요.

존재하고 있다고 확실하게 믿는다면 화두는 하루아침에 문을 열어요. 어느 순간 나도 모르게 살며시 '까꿍, 왜 이제 왔어?' 하면서 나를 반겨요. 내 모습이 그냥 웃고 말지요. 어렵다고 그랬던 게 차 한잔 마시는 것만큼 쉬워요. 자유인이 되고자 원한다면 마음 곳곳에 퍼지도록 세상을 가득 넘쳐흐르게 해야 돼요.

육체가 '나'라고 하는 생각만 버리면 공부는 하루아침에 다가와요. 우리는 할 수 있다는 마음만 먹으면 누구나 할 수 있고, 누구나 마음여행을 할 수 있어요. 마음을 차분히 하고 그런 다음 마음여행길 떠나요. '자, 떠나자!' 바다로, 산으로 여행하지 말고 참선 수행합시다.

마음 본성과 공(空)과 색(色)에 사무치세요. 자유인이 된 것처럼 행동도 한 번 해봐요. 그게 긍정의 마음을 먹는 거예요. '문 없는 문'을 열 수 있어요. 마음으로 그 길을 생각해보세요. 꿈은 반드시 이루어져요. 꿈은 세상을 만드는 생각, 언어의 마술사예요. 마음이 생각하는

대로 현실이 되어간다는 것이에요.

공(空) 안에는 형상도 없고, 느낌도 없고, 생각
도 없고, 눈과 귀와 코, 혀, 마음도 없다. 형상,
소리, 냄새, 맛, 촉감도 없고, 마음 대상도 없다.
의식에 이르기까지 어떤 세계도 없고, 늙고, 죽음
의 소멸도 없다. 고통이 없고, 고통의 원인도 없
으며, 얻음도 없고, 얻을 것도 없다.

우리는 노래하면서 허공에 목소리를 던지지요? 나는
새는 하늘을 날아올라 그림자를 남길 뜻이 없어요. 여러
분 허공에 그림자가 보이던가요? 보이지 않죠?

공(空) 안에는 우리가 만들어 놓은 형상, 소리, 냄새,

맛, 촉감 등 어떠한 것도 어머니 품속처럼 한없이 그렇게

바라만 보고는 그냥 존재해요. 허공은 늙고 죽음의 소멸

도 없다. 고통도 없고 고통의 원인도 없다.

　공(空)에는 '죽고 삶'이 없어요. 무너지지도 않고요. 손

해 보는 장사도 안 하고, 밑지는 장사도 안 하지요. 성품

은 그대로 있어요. 바라보고, 기다리고, 잘 가라는 인사도

없지요. 그러는 가운데 팔만대장경을 설하고 있어요.

대자연은 경전을 어디에서 만날까요? 저 좀 알려줘

요. 빨리 가지고 와서 혼자만 공부할래요. 공(空)은 안이비설신의(眼耳鼻舌身意), 텅 비어 그대로 존재할 뿐《반야심경》에서 말하는 지금 이대로의 모습들로 보자고요. 본성에 들어가고 난 뒤에 빈 종이에 가득 담아 채우고 웃어요. 그냥 그렇게.

학림사 오등선원 대원 큰스님이 쓰신《반야심경》중에 재미있는 문구가 있어서 잠깐 소개할게요. 전에 어느 스님이 부산 월내 묘관음사 향곡 큰스님에게 '만법귀일 일귀하처(만법은 하나로 돌아가는데 그 하나는 어디로 가는가)'의 화두를 깨달았다고 찾아갔대요. 향곡 큰스님이 물었습니다.

"어떻게 깨달았습니까? 하나는 어디로 돌아갔지?"

"만법으로 돌아갔습니다."

"에라이, 그걸 지금 말이라고 하는 소리야? 지금 그걸 밥 먹고 깨달았다고 하는 소리냐? 만법은 하나로 돌아가고, 하나는 만법으로 돌아가고. 빙빙 잘 돌려라."

형상 아닌 형상으로 부처라 하고
팔만대장경 빈 종이 가득 채우고 경전이라 하네.
버들피리 물가 노닐다가 웃고 있어
산천초목 동네방네 대장경 설하고
텅 빈 마음 손잡고 돌아가네.

여러분, 이 시(詩)의 뜻을 아시겠습니까? 형상을 만들어 놓고 그걸 부처라고 하면 안 된다는 겁니다. 그리고 세상의 우주만물이 팔만대장경을 하나하나 설하고 있어요. 그러니까 버들피리가 웃어버리지요. 종이를 경전이라고 하니까요. 텅 빈 마음과 공(空)과 색(色)이 한 몸이라는 것을 《반야심경》에서는 이야기하고 있습니다. 성불하세요.

8강

크게 죽어 살아나라

보살은 얻을 것이 없으므로 반야바라밀다에 의지하여 마음에 걸림이 없고, 걸림이 없으므로 두려움이 없게 되어 꿈같은 망상을 여의고, 마침내 열반에 이르며 과거, 현재, 미래 모든 부처님들도 반야바라밀다를 의지하므로 존재성의 깨달음에 이르렀느니라.

불성은 말로 표현할 수도 없고 글로써 표현할 수도 없고 알 수도 없어서 《반야심경》 강의를 하면서 마음 구름 없애면 텅 빈 상태와 보이는 색(色), 사람, 나무, 고라

니, 풀, 움직이는 모든 생명체, 눈에 보이는 현상들, 공은
텅 비어있는 허공, 공(空)과 색(色)으로 우주에 가득 넘
쳐흐르지요.

옛날 큰스님들은 본인의 성격과 자기 스타일, 말하는
재능 등으로 공(空)과 색(色)은 텅 비어있고 가득 넘쳐
흐르는 존재성을 표현하기 위해 마조어록, 육조단경, 벽
암록, 수많은 어록들을 남겼지요. 《반야심경》은 한마디
로 공(空)과 색(色)입니다. 존재성은 차별성이 없다는 이
치를 제자들에게 지도했지요. 깨달아 알아차리면 마음
은 텅 비어있고, 색(色)은 존재하고, 육신이 죽은 후에는
공(空)만 존재하지요.

지금 여러분이 '나'라고 생각하는 육신이 죽었다고
한 번 생각해보세요. 그럴 때는 텅 비어있는 공(空)만 남

게 돼요. 그래서 보살님들은 중생제도하기 위해서 다시 몸을 받고 태어나기도 하는데, 보통은 그대로 존재합니다. 공(空)과 색(色)이 둘이 아니면 윤희를 하지 않아요. 그런 상태를 불성, 마음의 고향이라고 해요. 노래에 보면 북한을 고향으로 두고 오신 어르신들은 고향을 그리워하지만, 우리는 '마음의 고향'이라고 해요. 그래서 얻을 것이 없으므로 죽음과 삶, 괴로움, 냄새, 맛, 촉감, 과거, 현재, 미래 '지금 이 순간만 진실이었어'라는 가사처럼 그냥 그렇게 깨달음이란 단어도 없이 우리는 이렇게 존재해요.

집착, 애착, 사랑, 그리움, 마음 구름 없애는 방법이 화두, 이런 마음의 때가 가득 묻어있어서 우리는 본성을 보지 못하고 있어요. 그래서 화두 '이 뭣고'라는 사다리를 만들어서 마음의 문을 열자고요. 지붕 올라갈 때 사용하는 그 사다리 말고요. 그런데 화두 사다리 '이 뭣고'로 마음 깊숙이 들어가고 난 뒤에는 결국 얻을 것이 없지요. 들어가기 전에는 모든 게, 존재성이 무엇인지, 불성이 무엇인지 마음속에 늘 의심을 갖고 살아요. 공(空)과 색(色)에 사무쳐 존재성을 바라보면서 관세음보살님은 얻을 것이 없다고 했습니다.

'반야바라밀다에 의지하여 마음에 걸림이 없고' 반야바라밀다에 대해서 이야기할게요.

바람 불면 새 한 마리 허공 날리고

봄이 되면 새싹 잎들이 가지마다 피어오르고

백로, 원앙새 새들 등등 우리 집 연꽃밭에 우렁

이 다 잡아먹고

잡아먹지 말라고 하면 창공을 날면서

'안 잡아먹었어.' 하면서 창공 높이 날고

다음 날 아침 또 몰래 훔쳐 먹다 들키고는

미안하다고 사과하면서 배고파서 그랬다고 하는데

뭐라고 야단법석 할까요

반야바라밀다가 무엇이기에 여러분 가슴을 궁금하게 하는지 나도 몰라요. 텅 빈 마음과 보이는 현상들, 충만하게 이루어진 그대로의 존재성들, 새들은 새들끼리, 나무는 나무끼리, 뻐꾸기는 뻐꾸기가, 팔만대장경 설하면서 야단법석이네요. 나는 아침마다 울어대는 개구리가 싫어요. 새들도 귀찮게 하고, 백로도 싫고. 백로는 양식하는 우렁이 잡아먹어서 그렇고, 참새는 새벽잠 깨우고 그래서 그렇고. 내 기분이 좋으면 새, 백로, 나뭇가지가 바람에 춤추는 모습들, 세상이 아름답게 보여요. 그런 모습들을 팔만대장경은 설하고 있어요. 홍천에 사는 소가 부산에서 밥 짓고, 새들은 한가하게 잠을 자네요. 대전에 사는 개구리 들녘 바람 타고 우리 집 공양주해요.

중국의 마조스님 제자 중에 방거사라는 분이 있어요. 그 유명한 거사님의 시(詩) 중에 이런 것이 있어요.

동서남북, 상하 온통 같이 모여 낱낱이 함 없음을

배우나니

이것이 부처를 가리는 마당이라 모두가 빈 마음

에 급제로 돌아간다.

동서남북, 위아래 온통 같이 모여 소, 돼지, 너구리,

잠자리 삼라만상 존재하면서 그대로의 모습 우주 가득

담고, 그러는 가운데 비워져있는 텅 빈 마음, 불성이 존

재하는 텅 빈 마음 그 자체가 부처님입니다. '급제로 돌

아간다'는 '마음 고향 그대로'라는 뜻입니다.

텅 빈 고향, 참 이해하기가 너무 힘들어요. 설명하는 저도 힘이 들고요. 말로써, 글로써, 어떤 형태로든 진리는 표현이 불가능합니다. 그래서 이 말도 하고 저 말도 하고. 부처님께서도 '무(無)' 하나를 설명하기 위해서 팔만대장경의 경전을 설했어요. 진리를 어떤 방식으로 전달하려고 하면 본성은 십 리 만 리 달아나버려요. 그래서 화두 공부하자고 하는 거고, 실참하자고 그러는 거예요.

깨달음이란, 살아서 죽는 연습이 필요하고, 살아서 죽어서 사는 연습이 필요해요. 이런 것이 깨달음입니다. 육신이 있을 때 연습하자고요. 우리 다 함께. 연습하지 않고 육신이 죽으면 그동안 살아있을 때 배운 지식, 모든 학문들, 가지고 있던 물질들이 육체가 소멸되는 순간 다

사라져버려요. 그 죽어있는 상태에서 이루 말할 수 없는

외로움, 그리움, 홀로 존재하고 있다는 아쉬움, 모든 사람

들이 나를 버렸다는 배신감 등으로 인해 다시 윤회를

하지요.

　살아 있으면서 불성을 증득해 사무치면 죽어서도 텅 빈 상태로 존재하는데, 그냥 죽으면 윤회할 수밖에 없는 현상계에요. 한 번 텅 빈 상태가 오면 진여의 불성이 그대로 존재해요. 깨달음이란 옛날 어록에 보면, '백척간두에 서서 앞으로 한걸음 나가라'는 말이 있지요. 그 말은 '크게 죽어 살아나라'는 뜻입니다. 크게 죽는다는 말은 '육신이 존재할 때 살아있으면서 정신적으로 죽는다'는 뜻이죠. 화두삼매가 통과해서 육신이 텅 빈 상태를 말해요. 이런 경지에 가면 멍청한 바보가 돼요. 의식, 감각, 판단, 인지능력, 사람을 대하는 인간관계 등이 다 사라져요. 이런 상태가 크게 죽었다는 말이에요. 그래서 한걸음 나가라고 하는데 여기서 정신적으로 살아

나와야 돼요.

앞의 설명에서 화두는 육체를 소멸시키는데 사용하는 '사다리'라고 했어요. 크게 죽었으면 화두를 가지고 다시 살아나올 수 있는데, 그 사다리를 이용하는 것이 목적이에요. 노자는 공(空)이라는 죽어서 살아나오지 못한 상태에서 설명을 해요. 크게 죽어있는 상태에서 말을 하지요. 크게 죽었다는 말이 무슨 말입니까? 감각, 판단, 인지능력 등이 전혀 없는 상태에서 공(空)을 이야기하는 것입니다.

노자는 현상세계, 색(色)의 세계에서 살아나오지 못하고 공(空)의 상태에서 끝났어요. 그게 십우도인데, 십우도(十牛圖)는 도교사상입니다. 어느 큰스님으로 인해서 십우도가 완성됐지만 원래는 팔우도(八牛圖)입니다.

이게 도교지요. 공(空)의 상태에서 살아나오지 못하면 불교에서 말하는 죽어있는 공(空), 살리지 못하는 그냥 공(空)이 됩니다. 이런 공(空)은 무척 위험해요. 공(空)과 색(色)이 독립되어 존재하면서 공(空)하고, 공(空)하면서 색(色)과 공(空)이 진공상태가 되는 것, 이것이 깨달음입니다.

크게 죽어 소리, 냄새, 맛, 촉감, 의식, 감각, 판단, 인지 능력 등이 다시 살아 나와야 돼요. 공부하기 전 모습으로. 그래야 공(空)과 색(色)이 텅 비어 있으면서 현상세계를 그대로 보죠. 공(空)의 진공상태, 잘못하면 이해가 되지 않을까봐 여기서 다시 설명할게요. 육체가 소멸되기 전에는 분명히 육체가 내 자신이에요. 육신이 '나'라고요. 화두삼매가 통과해서 육체가 소멸되면 텅 비어있는 상태, 거기서 현상이 살아나오면 진공의 상태입니다. 이게 바로 깨달음입니다.

마음의 종착역에 도착했고요. 그 다음에는 포교문제인데 큰스님들은 전생에 지은 복과 덕을 따라 포교를 하지요. 복이 없으면 포교를 하고 싶어도 사람이 모이지 않고, 복이 많으면 사람들이 모여들지요. 전생에 덕과 복을 많이 닦았으면 포교를 잘하고 그렇지 않으면 못해요.

화두가 삼매를 통과하고 난 뒤의 단멸공(斷滅空, 죽어서 살아나오지 못한 상태)에서 저는 많은 고생을 했어요. 이유는 하나, 사회적 포지션이 있는 분에게 지도를 잘못 받아서 공부인생이 너무 힘들었어요.

인도는 참 재미있는 나라예요. 존재해 사무치지 않는 잘못된 성자가 많지요. 신도들에게 추앙받고 많은 제

자들을 옆에 두고 공부 지도를 해요. 물론 저도 그분들을 이해해요. 인간이 가지고 있는 중생심이 명예, 권력, 잘난 체 하고 싶고, 대접받고 싶은 것이니까.

하지만 저는 스승은 잘 만나야 된다고 생각해요. 스승을 보는 눈, 안목도 있어야 하지만 스스로 공부를 열심히 해서 구분해야지요. 그런데 크게 죽어 있는 상태에서는 스승을 구분할 수 있는 능력이 없어요. 앞에 설명했듯이 크게 죽게 되면 감각, 판단, 생각, 냄새, 맛, 촉감, 듣는 것, 모든 감각능력들이 소멸돼요.

여기서 올바른 스승이 필요해요. 스승을 잘못 만나면 존재성하고는 영원히 멀어지는 죽은 공(空), 살아나오지 못한 공(空)에서 무척 힘이 들어요. 이 정도 공부해 나가면 정말 스승 만나기가 하늘의 별 따는 것처럼 어려워요. 화두삼매 통과하기 전에는 내 자신이 구분 못하니까 소문으로 깨달았다고 들었으면 믿어져요. 삼매통과를 하고 나서 크게 죽어있는 상태에서 스승을 잘못 만

나면 공부하지 않는 게 차라리 나아요. 이때 완전 바보,

텅 빈 바보, 생각할 줄 모르는 바보가 돼요. 그래서 스승

을 정말 잘 만나야 돼요. 긍정의 힘을 믿고 오늘도 힘내

세요. 성불하세요.

9강
허공은 그림자를 남기지 않고

보살은 얻을 것이 없으므로 반야바라밀다에 의지하여 마음에 걸림이 없고, 걸림이 없으므로 두려움이 없게 되어 꿈같은 망상을 여의고, 마침내 열반에 이르며 과거, 현재, 미래 모든 부처님들도 반야바라밀다를 의지하므로 존재성의 깨달음에 이르렀느니라.

저는 스승이 얼마나 중요한지 뼈저리게 경험했어요. 스승 잘못 만나서 인가를 해버리는 바람에. 어느 스님이 왜 완행열차 타고 입석표 사서 여기 왔다 저기 갔다 하냐고 그래요. 무슨 말인지 알겠지요? 조금 이상하다 그 소리이에요.

공부는 여기에서 살아 나와야 해요. 텅 빈 상태와 색(色)이 부처님이고 모든 현상이 팔만대장경이에요. 그래서 죽음과 삶이 둘이 아니라고 하지요. 이 단계에서부터 존재성은 확실한 마음의 고향이지요. 우리 공부하자고요. 영원한 존재성을 알아내요. 화두공부 진짜 쉬워요. 일주일만 집중하고 집중하면 마음의 문을 열고 다시 세상으로 나와요. 자유, 자유. 당신은 누구시기에 내 마음 가득 채우시나요? 영원한 동반자처럼 허공에 그림을 색칠하시나요?

여기서 '자유'라는 말을 잘 이해해야 해요. 사회의 규범과 질서, 도덕 이런 통념의 자유를 말하는 것이 아니고 우주와 존재성, 자아본성, 팔만대장경의 자유를 뜻해요.

어머니 품속에서 태어나기 전 누구인가? 공(空)과 색(色)의 존재에 나가면서 영원한 고향, 탄생과 죽음, 깨끗함과 더러움, 어리석음, 《반야심경》에서 말하는 어리석음은 고향길, 불성을 모르는 그 자리를 표현한 말이에요. 자성, 진여, 불성, 독립적이면서 서로 존재하고 존재하면서 서로 공존하고, 융합되어 있고 서로 화합하면서 더불어 살아가는 삶을 표현해요.

영원한 침묵, 너, 나, 우리. 영원한 침묵입니다. 오늘 아침 뻐꾸기 소리 그대로 듣고 사물들이 그대로 흐르는 것이 존재성 자유입니다. 성품에는 죽고 삶이 없다는 것을

그대로 관찰하고 이렇게 설명합니다.

관자재보살님은 반야바라밀다를 의지하여 그대로 존재하고 있다는 사실만 증득해 바라보았지요. 공(空)과 텅 빈 마음을 그대로 알아야 삼라만상의 자유와 존재를 이해하는 것이지요. 우리가 의도적으로 텅 빈 마음이라고 하는 순간, 다시 마음 한 공간을 가득 채우고 다시 집착심으로 바뀌지요. 텅 빈 마음 상태만 가득 찬 우주공간을 채워요. 그리고 존재하고 존재만이 텅 비어 있는 세상이에요. 생각으로 열반하지 말고 실참 열반하자고요.

여러분 실참, 평화롭고 아름다운 열반 소리 한 번 큰 소리 내어 불러봐요. 실참, 마음의 참다운 친구, 현상 친구, 공(空)의 친구 불성, 자아, 진여 더 크게 불러보자고요. 우리 친구들은 불러도 대답 없고 가라고 해도 대답이 없어요. 들녘 농부는 밭을 갈고 오늘도 하루 삶에 존재성이 흐르고 있어요.

앞의 시(詩)처럼, 돌아와 보니 그 자리, 과거, 현재, 미래 모두가 그 침묵 열반이란 존재성의 자유, 불성의 자유, 공(空)과 색(色)이 흐르고 망상에서 보리로 자유, 모든 것이 가득 차 있으면서 텅 비어 있는 열반을 말해요. 관세음보살님은 얻을 것 없는 반야바라밀다를 보았어요. 현상과 공(空)과 색(色)이 그대로 존재하면서 존재한다는 것을.

우리 현상은 때로는 비바람에 흔들리고 흔들리면서 다시 피어오르고 봄, 여름, 가을, 겨울, 없어지지도 않고 소멸되지도 않고 그러네요.《반야심경》존재성은 그냥 그렇게 웃어버리자고요. 그래서 선문답에서 '어디에서 왔냐'고 물으면 오고 감이 없다고 그래요. 왜? 허공은 그림자를 남기지 않고 가득 채우고 있지 않으니까요. 도대체 불성이 무엇이고 존재성이 무엇이기에 이렇게 내 마음에 그리움만 남기고 그러시나요? 그래서 《반야심경》을 이해하려면 공부해야 하는 것입니다.

저는 여러분들을 믿어요. 공(空)과 색(色)이 한 몸이 되는 것을. 이렇게 보는 존재성을. 그리고요 혼자만 자성을 먹지 말고 나도 먹게 해주세요. 집에서 혼자 밥 먹으면 밥맛이 없어요. 맛있는 반찬 차려놓고 서로서로 나누어 먹어요. 그래야 맛있잖아요? 마음공부 혼자 하지 말고 같이 공부해서 우리 다 함께 마음화두 떠나요.

가득 차 있는 녹차 한잔을 마시고 나서 빈 잔 존재성을 오순도순 정답게 이야기하면서 마음공부하자고요. 어제 밤이 오늘도 밤이고 새벽에 일어나보니 똑같네. 부처님 어디 있어요? 나도 몰라요. 여러분들 알려주세요. 텅 빈 본연 그 모습을 밥만 먹지 말고 본성에 밥을 주자고요. 배고파요. 불·법·승이 뭔지. 혼자 먹지 말고 나누어 먹자고요. 우리 한 번 끝까지 불러 보자고요. 망상이

이기는지 화두가 이기는지. 마음의 고향 누가 먼저 가는지 가위, 바위, 보 하면서 이기는 사람이 먼저 출발하기로 하지요.

마음의 고향 찾아가요. 그리운 두메산골로 가지 말고요. 빨리빨리 가자고요. 너 가위 내. 나 주먹 낼래. 그러는 게 어디 있어요. 아무도 모르게 해야지요. 숨기면 존재성은 현상세계에 소문이 멀리멀리 허공에 퍼져버렸어요.

'아, 어쩌면 좋아. 숨기고 나만 간직하려고 그러는데.'

그래서 깨달음이 없다고 했지요. 우리 본연은 그대로 존재하는 것 말고는 없어요. 마음의 구름만 없애면 진여본성은 어느 순간 스스로가 그냥 그렇게 있었다는 것을 깨닫게 되요. 육체가 '나'라는 생각을 버리면 그대로 보

고 듣고 말하고 허공에 날리지요.

또 허공에 날리는 말이지만 '이 뭣고' 깊숙이 들어가

우주 삼라만상이 텅 비어 있으면서 모든 사물들이 존재

하면서 텅 비어져 있고, 비워진 가운데 가득 차 있는, 그

가운데 나의 본성은 텅 빈 마음을 볼 때 미음 구석에서

벗어날 수 있어요. 불성의 스승을 찾아 여행 한 번 해봐요. 그리고 난 뒤에 침묵으로 진리를 말하고 본성이 흐르고 있는 것을 이해하면서, 육체가 내 모습이 아닌 텅 빈 나의 모습으로 존재할 때, 육체가 죽고 난 다음 텅 빈 마음으로 그냥 존재해요.

석가모니 부처님이 계신 곳, 텅 빈 마음, 공(空), 육조 혜능스님, 마조스님 등 큰스님들이 계시는 곳, 텅 비어 그대로 존재하는 것, 진리를 여러분들에게 그대로 설명하면 이해가 안 되면서 어디론가 가버려요. 불성은 언어, 문자로 사람들에게 이해시키는 것이 불가능해서 스스로 공부해야 한다는 사실입니다. 그래서 다시 말하지만 참선수행하면서 공부해야지 언어, 문자로 수행을 하면 본성은 영원히 보지 못해요.

옛날 큰스님들은 제자들이 말이나 글로 "똥막대기,

개에게도 불성이 있습니까?" 하고 물으면 대답이 무(無).

제자가 큰스님께 "당신의 본성은 무엇입니까?" 하고 물으면 '뜰 앞의 잣나무', 그런 선문답이 불성이 가지고 있는 존재성에 존재성, 그러면서 허공에 그냥 그렇게 드러나 있으면서 날려요. '뜰 앞의 잣나무니라' 이 말 자체가 허공에 날리고, '뜰 앞의 잣나무' 그 모습 역시 진공의 상태에서 허공에 날립니다. 영원한 불성인 마음공부는 본인 스스로 해서 알아야 이해할 수 있어요.

95% 자기 수행하는 노력이 있어야 나머지 5%는 스승이 지도할 수 있어요. 텅 비워진 모습에서 영원하다는 것을 관세음보살은 설명하고, 그대로 모습들, 깨달은 스승들은 반야바라밀다에 의지하여 밥 먹고, 자고, 본성과 다르지 않고 삼라만상은 나도, 너도 오직 무(無).

무(無)에서 색(色)으로 존재하고, 색(色)에서 공(空)으로, 공(空)에서 다시 공(空)으로, 조사어록 책들이 텅

빈 마음, 색(色)의 세계, 현상의 세계, 죽지 않는 본성, 그

래서 마음 증득하고 본성 그대로 보면 반야바라밀다입

니다. 성불하세요.

10강
시냇물, 흐르는 소리 진리 설법

그러므로 반야바리밀다는 위대한 진언이고, 최고의 진언이고, 가장 밝은 주문이며, 최대상승주문이며, 삼라만상의 주문이며, 평등한 주문이며, 온갖 생로병사를 없애주고, 진실하여 허망하지 않느니라. 이에 반야바리밀다를 말하니 아제아제 바라아제 바라승아제 모지 사바하.

사바하. 자유, 마음의 자유, 우주의 삼라만상의 자유를 뜻합니다. 그 다음에 감탄사 아! 이루 말할 수 없는 기쁨, 여러분들 그 기쁨을 한 번 생각해보신 적 있으세요? 표현이 안 되는 기쁨! 어떻게 표현할까?

저는요, 나도 모르게 하루 종일 춤을 추었어요. 2003년
도 1월 1일 눈을 쓸다가 활연 대오한 다음에 그날 하루
종일, 어떻게 표현할 수 없는 '덩실덩실'이란 문구가 몸을
움직였어요. 그것도 막춤을. 말로는 설명할 수 없는 그
기쁨. 육신의 소멸, 텅 빈 마음. 그냥 울었어요. 그때에 묻
어버린 아픔의 노래가 차에서 흐르고 텅 빈 마음에 사
람들은 허공에 날리고, 새 목소리가 텅 빈 우주 삼라만
상에 모든 현상이 허공에 날려요. 너, 나, 우리 모두 본
래 자유인인 것을. 마음의 고향, 번뇌, 육신, 물질, 생로병
사, 무(無)의 세계, 문 없는 문을 두들기고 마음의 고향
은 손을 잡아요. 공(空)과 색(色)은 그냥 그렇게 존재하
고 있었던 것을. 죽음과 삶, 망상에서 보리로, 열반의 세

계가 존재성으로. 삼라만상이 본래 자유였던 것입니다.

영원한 침묵, 미래, 현재, 과거 그대로 존재성은 미래,
현재, 과거를 모르고 있어요. 텅 빈 우주공간은. 그러면
서 새들, 사람, 나, 너, 살아 숨 쉬고 생명의 진여 모습들
이 본래의 고향은 죽지 않고 영원한 불성이라는 것입니
다. '아제아제 바라아제 바라승아제 모지 사바하' 중생에

서 마음의 고향, 영원히 존재성으로 가버리네. 에라, 모르겠다. 갈 때까지 가버리자. 무엇일까요? 해탈입니다. 《반야심경》을 그냥 외우지 말고 실참합시다. 다시 말하지만 보고 듣고 말하고 움직이고 '이 뭣고'. 뭣고 뭣고 또 뭣고. 너무 배부르게 먹지 말고요. 배탈 나니까. '이 뭣고' 입니다.

우리가 《반야심경》을 이해하려면 스스로 공부해서 알아야 해요. 불교경전은 공부해야만 알아요. 그렇지 않으면 아무도 모르게 숨어 존재하지요. 관세음보살님이 말하고자 하는 의미가 무엇인지, 해탈이 무엇이며, 진여 불성, 본연, 무(無)이면서 여러 단어로 표현해요. 텅 빈 육신과 존재하는 모든 것, 연꽃 향기, 잎, 뿌리, 꽃은 텅 비어 있고, 독립되어 있고, 삶의 모든 것을 초월하면서 초월도 하지 않고 현상계에 존재하지요.

여러분과 존재하면서 살아요. 우리는 서로 나눌 수 있어 행복하고, 용서할 수 있어 꽃의 향기처럼 은은한 선율입니다. 《반야심경》에서의 진언이란 완벽한 우주 삼라만상을 표현하면서 구속에서 해탈로, 번뇌에서 보리로, 즐거움과 괴로움 또한 벗어버리고 공(空)과 색(色)에서 벗어버리고 그대로 그냥 있어요. 불성은 모든 곳에 흐르지요. 나무, 산, 강, 바다, 하늘은 숨 쉬면서 공(空)과 색(色)에 어울려 초월하고 초월하면서 그대로 극락이고 아미타세계입니다. 관세음보살님은 모든 사물이 부처라는 의미를 여러분에게 이야기하고 있지요. 《반야심경》의 핵심은 공(空)과 색(色)의 존재성을 강조하고 그대로

의 모습을 초월하면서, 포용하고 뛰어넘어 삼라만상 모든 것이 자유가 되는 것이지요.

불교의 꽃인 선문답은 《반야심경》에서 말하듯이 공(空)과 색(色)이 진공(眞空)상태에 있는지, 아니면 거짓으로 자유인이 된 것처럼 입으로만 말하고 있는지 확인하는 방법입니다. 우리가 조금만 공부하면 이런 선문답은 아주 쉬워요. 존재성으로 이해하고 공(空)과 색(色), 죽음, 탄생, 이 모든 것이 상대논리로 이루어져 있고 영원한 상태에 있다는 것입니다. 그래서 선문답은 존재성을 표현하지요.

자는 것보다 쉬운 마음공부예요. 중국의 조주스님 말씀처럼 붓다가 있는 곳엔 머물지 말고, 붓다가 없는 곳

엔 재빨리 지나가야 합니다. 모든 곳에 그대로가 붓다인
데 없는 곳이 어디 있어요? 숨을 쉬고 생명이 존재하는
모든 곳이 붓다지요.

"붓다가 없는 곳엔 재빨리 지나가라."

어떻게 지나가라는 말씀인지 조주스님이 이 자리에
있으면 웃음 한 바가지 드릴게요. 헛소리로 대중을 속이
고 있으시니까.

옛날 큰스님들은 제자들을 지도하기 위해서 순간적
으로 제자들 앞에서 이야기하지요. 이게 바로 선문답인
데 공(空)과 색(色), 진여상태에 들어간 분들은 순간 바
로 답변을 해요. 모든 현상세계와 공(空)이 그대로 붓다
인데 어떻게 지나가라는 말씀인지.

조주스님은 순간적으로 제자늘을 시도하기 위해서

유머를 사용했지요. 이런 순간적인 표현방법이 선사들의 가르침이지요. 선(禪)을 지식으로 이해하려는 사람은 선(禪)의 꽃을 보지 못해요. 말, 언어, 문자로는 표현이 불가능합니다. 본성인 성품에 바로 들어가서 봐야지 지성으로 판단하면 자기 생각으로만 존재성을 판단해버려요. 꽃과 향기, 뿌리, 이파리가 한 몸이면서 서로 어울려 독립적이면서 어울려 존재하는 것. 문자에 속고, 말에 속고, 공(空)과 색(色)의 존재성을 입으로 하는 선(禪), 이런 분들은 선(禪)을 공부하지 않고 결국은 아상(我相)이란 틀을 만들어 집착, 명예, 욕망으로 인해 도인 행세하는 분들이지요. 공(空)과 색(色)에 사무치지 않으면 지식은 어디론가 가버려요. 증득되어 사무치고 본성에 들어간 체험만이 《반야심경》을 이해할 수 있어요.

　노일강변 찻집에 앉아 음악이 흐르고 앞에는 강이 흐릅니다. 건너편 나무는 바람에 흔들려 선율을 흐르게 하네요. 《반야심경》이 궁금하시면 차 한잔하시고 나도 한잔 주세요.

　관세음보살님은 존재성을 설명했지요.

　'아제아제 바라아제 바라승아제 모지 사바하.'

　영원히 중생에서 존재성으로, 공(空)과 색(色), 진여 상태로 영원히 가버렸네. 텅 빈 내 몸과 흐르고 있는 음악, 새, 바람, 모든 것에 진여의 선율이 흐르지요. 여기서 흐른다고 하는 것도 역시 맞지 않지요. 표현을 하려고 하니까 흐른다고 하고, 존재하고 있다고 표현하고 무(無)라고 표현합니다.

　사랑이란 것을 한 번 생각해봐요. 욕망에서 나오는

행위이지만 몇 년 지나는 순간 그 사랑은 존재계로 가지요. 사랑은 존재하지 않았고 분명히 여러분은 사랑을 했고, 행동한 바 없이 사랑을 했지요. 사람이 떠났는데 지금 이 자리에 사랑이라는 단어가 있어요? 없지요? 존재계로 보내버린 사랑입니다. 독립적인 한 부분만 보면 존재한다는 사실을 이해할 수 없고, 통합적으로 보면서 서로 공존한다는 사실을 인정해야 돼요. 이걸 인정하지 않고 삼라만상이 그대로의 텅 빈 공간과 가득 찬 우주, 우주 속에 우리들은 움직이고 활동해요. 다시 육신이 죽게 되면 텅 빈 공간만 존재하고 있는데 그때 당시엔 슬픔과 분노, 괴로움, 홀로 존재하고 있다는 생각으로 인해 다시 몸을 받게 됩니다. 깨달음은 살아있으면서 죽어보는 연습을 하는 겁니다. 살아있으면서 사는 연습을 하고요.

그리고 난 뒤에는 텅 비어져 있으면서 사람들이 움직이고 활동하는 모습이 눈에 보여요. 그게 견성이고, 그게 아미타세계이고, 그게 도솔천이고, 그게 천당이고, 그게 극락이고. 오늘도 공부 열심히 하시고 공(空)과 색(色)에 사무쳐서 《반야심경》을 제대로 이해하는 모습을 보여주세요. 성불하세요.

11강

/

영원한 침묵으로

사바하, 떠나간 당신, 가버린 당신, 어디로? 공(空)과 색(色), 본래의 불성 존재계로 가버렸어요. 사랑하는 사람이 존재계로 떠나버리면서 너무 보고 싶어 하는 감정을 한 번 생각해보세요. 그렇죠. 영원히 존재계로 가버린 사랑, 불·법·승, 삼보로 가버린 욕망, 분노, 좌절, 그리움.

가수 김현식은 노래했어요.

'사랑했어요. 그땐 몰랐지만 이 마음 다 바쳐서 당신을 사랑했어요.'

누구를 사랑했는데요? 존재계, 공(空)과 색(色), 너무 애달프게 그리워하지 말고 지금 이 순간 그리움으로 존재하자고요. 지금 흐르고 있는 선율, 여러분이 말하는 음성, 모든 것, 자연, 풀, 바람, 누구인가요?

《반야심경》이 말하고자 하는 의미를 조금만 관찰을 해봐요. 우리는 이것 아니면 저것으로 모든 것을 판단하고 자기의 생각과 아집에 의해서 이야기하고 모든 행동을 그렇게 취하고 있어요. 우주 전체 삼라만상을 한 번 봐요. 죽음과 삶이 둘이 아니면서 현상계, 나무, 풀, 사람 눈에 보이는 모든 사물들이 살아있다가 죽음, 육체가 사라지면서 현상과 공, 죽음과 삶이 비워있으면서 현상과 공이 둘이 아닌 공의 세계로 영원히 가버렸네요.

불성은 그대로 그 자리. 우리는 흐름의 선율로 서울도 가고, 부산도 가고 그래요. 불교에서 말하는 공(空)은 무(無), 없다는 공(空)을 말하는 게 아니고, 움직이는 선

(禪), 살아있는 선(禪), 현상들이 서로 사랑하면서 활동하는 선(禪), 그래서 불성은 그대로 보고 듣자는 것입니다. 불교를 잘못 공부해서 허무주의의 공(空)으로 판단하면 불교를 이해할 수 없어요. 긍정과 부정, 삶과 죽음, 저 언덕 너머 걸어가도 오는 자성 그 자리.

중국의 소동파 시인은 존재성에 대해서 이렇게 읊었지요.

시냇물 흐르는 소리가 그대로 진리 설법

호숫가에 뛰어노는 새들이 청정한 법신이니

나는 지난밤 팔만사천법문을 들었다.

깨달은 바를 훗날 어떻게 전할까.

소동파 시인은 공(空)과 색(色)의 진공의 상태에 확실하게 존재하고 있는 경지에 들어가 있는 것 같아요. 팔만대장경을 설명하려고 하면 어디론가 모른 체 하면서 여행을 떠나지요. 〈은하철도 999〉처럼 여행을 떠나요. 어머니를 찾아 마지막에는 어머니는 나의 불성이라는 것을. 귀여운 친구 철이는 그때 깨달아요. 그리고 만화영화 〈은하철도 999〉는 막을 내리지요.

부처님 말씀을 사람들에게 이야기하면 각자 스스로가 서울도 가고, 부산도 가고 그래요. 무슨 말일까요? 자기 생각대로 판단한다는 것이죠. 우주와 내 자신이 한 몸이 되기까지는 수행연습이 필요합니다. 반복해서 연습하다보면 언젠가는 불성과 서로 함께 하겠지요. 지금은 독립되어 있으년서 보신 못해노 다시 만나셌죠. 내가 노력을 안 해서 그렇지, 열정적으로 불성을 사랑한다면, 탐구해나간다면 존재성은 쉽게 다가옵니다. 참구, 연습하고 연습해서 우리 다시 만나자고요.

선(禪). 스스로 서로 만나서 소동파 시인의 글을 이해할 수 있다고 믿어요. 여러분, 진리를 지식으로 이해하지 말고 탐구로 이해해서 영원한 침묵으로 갑시다. 왜 진리를 알면 할 말이 없어질까요? '아제아제 바라아제 바라승아제 모지사바하' 언어, 문자, 생각, 지성, 괴로움, 즐거움, 아상, 인상, 중생상, 수자상 모든 것을 초월하고 평범한 삶입니다. 뛰어나다는 것은 평범한 거예요. 평범한 게 뛰어난 거고요. 부처님은 《반야심경》에서 그걸 이야기하고 있어요.

평범하면서 텅 비어있는 붓다와 붓다가 만나면 왜 서

로 알 수 있을까요? 저도 궁금한데요. 눈빛과 가슴으로 텅 비어있는 붓다들은 정말 보는 순간 번갯불처럼 알아볼 수 있어요. 침묵 속에서 서로 알아봐요. 신기하지요? 이유는 서로 만나면 몸이 텅 비어져 있기 때문입니다. 존재성의 아름다운 멋이라고나 할까요?

그 다음엔 선문답(禪問答)으로 들어가지요. 서로가 확실하게 증득되어 있는지, 아니면 잘못 봤는지. 그러면 백발백중 처음 보는 순간 서로가 알아보듯이 선문답도 막힘이 없어요. 선(禪)의 꽃, 선문답! 칼날 같은 언어들을 허공에 날리면서 존재성을 확인해요. 존재성에 사무쳐 있는 밝은 수행자 앞에서는 여러분이 속이지 못하는 게 선(禪)입니다. 중생심에 가려 보통 사람은 속일 수 있으나 불·법·승, 삼보에 증득되어 있는 분들은 속일 수 없어요. 공부는 그래요.

창문 밖에 소나무 한 그루 푸르고 이슬비 젖는데

참새 한 마리 나뭇가지 위에 찍찍찍 소리, 텅 빈

허공 법문 설하네.

존재와 숨을 함께하고 그래야 비로소 공부한다고 하

겠습니다. 깨닫고 난 뒤에는 일반 사람 눈과 귀에는 횡설

수설로 말을 하는 대선사 옆에 있으면 알아들을 수 없

어서 '어렵다'라고 생각해요. 존재계는 모든 것이 통합적

이면서 존재하고, 독립적이면서 공존하고, 공존하면서

공(空)으로, 공(空)이면서 색(色)으로, 색(色)이면서 공

(空)으로, 차별성이 없으면서 다시 공(空)으로 자유와 해

탈입니다.

자유와 해탈의 입장에서는 매우 논리적이면서 본성에 흐르는 이치입니다. 자유의 꽃, 선문답 꽃입니다. 그러나 지성인인 사람들에게는 선(禪)에 대한 고정적인 선입견이 있어서 논리적이지 못하면 '이것이다', '저것이다' 단정하기 때문에 자기 스스로 상(相)을 만들어 놓고 여기에서 벗어나면 '맞지 않다'라고 쉽게 이야기하지요. 그러나 선(禪)은 언어, 문자, 행동을 초월하면서 평범해요. 평범하다는 것을 가르치기 위해 스승들은 순간순간 언어 죽비로 제자들을 지도해요. 스승들은 평범한 언어로 텅 빈 허공에 말을 날리면서 고정관념의 틀을 버리라고 하지요.

선(禪)은 허공에 꽃, 향기, 열매, 문 없는 문의 음성 소리, 새소리 그냥 흐르지요. 공(空)과 색(色)에 한 몸인 스승들은 여러 가지 방편으로 공(空)을 설하고 다시 무(無)로 돌아가지요. 침묵을 하지요.

소동파 시인은 시냇물 흐르는 소리가 진리 설법이요, 모든 현상, 팔만사천법문으로는 설명이 불가능한 깨달음입니다. 《반야심경》은 그대로 존재하는 완벽한 진언, 공(空)과 색(色), 침묵, 소리, 팔만대장경입니다. 마음에 씨앗을 뿌려 문 없는 문을 열고 들어가요. 그리고 얻을 수 없는 불성을 수확해서 팔만사천 허공에 날리는 그 순간까지 확실하게 공부해요.

어떻게 밥만 먹고 살아요. 가끔은 외식도 해야지요. 고급음식도 먹고, 자장면도 먹고, 마음의 화두선인 불성의 음식도 먹고, 그래야 새 나라 어른들은 몸도 건강하고 마음도 건강해요. 충만하게 이루어진, 완벽하다가 허술하고 완벽한 우리. 우리는 초등학교 다닐 때 '새벽종이 울렸네. 새 아침이 밝았네. 너도나도 일어나 마음 공부합시다. 살기 좋은 대한민국' 물질도 부자, 정신도 부자, 골고루 음식을 먹어야 부강한 대한민국이에요.

《반야심경》을 강의하면서 전문용어를 사용하지 않고 일반 언어로 풀려고 많이 노력했고요, 진여불성 상태를 표현하려고 고민도 하고 대중들에게 쉽게 다가가려고 했지만, 《반야심경》이 깨달아야야만이 알 수 있는 경전이기에 재미있게 유머를 섞어 강의했어요. 다소 부족했

다면 큰스님들께서 너그러이 용서해주시고 열심히 정진하는 수좌로서 더욱 정진하겠습니다. 《반야심경》을 잘못 번역하였다고 장군죽비로 경책하시면 달게 받겠으며, 더욱더 공부해서 대중들에게 쉽게 다가갈 수 있도록 노력하겠습니다.

《반야심경》은 살아 숨 쉬는 《금강경》과 내용은 같습니다. 다만 길고 짧은 차이뿐입니다. 성불하세요.